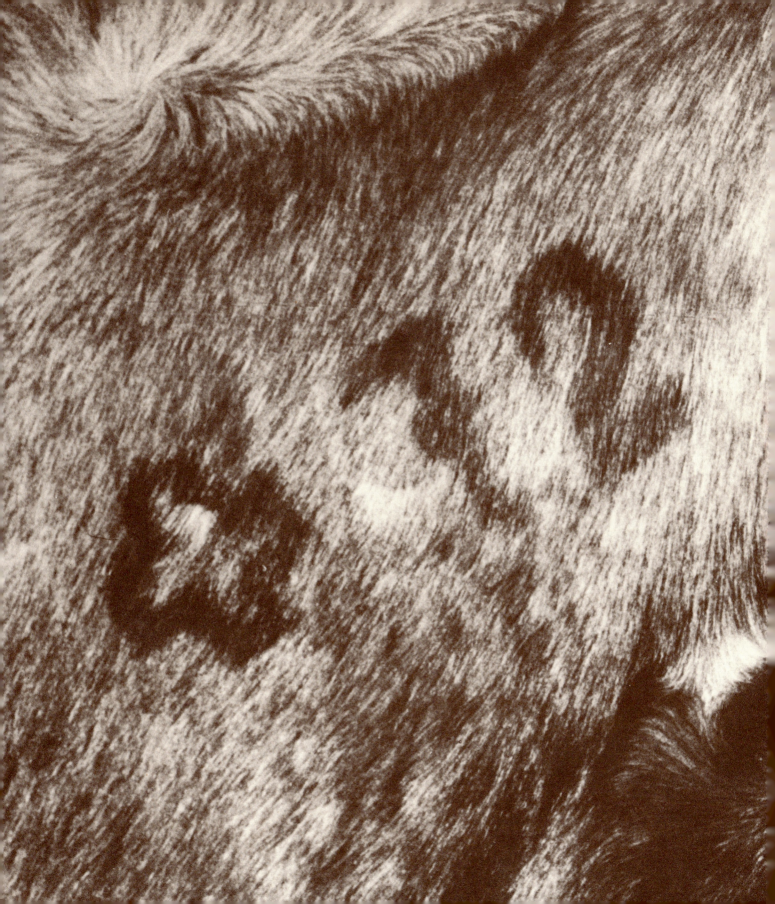

Mit einführenden Texten zu den einzelnen Kapiteln von

GEFREITER SIMON CHAPPUIS
Präsident der Société des Dragons, Guides et Mitrailleurs du Canton de Vaud

OBERSTLEUTNANT HEKTOR LEUENBERGER
Direktor des Eidgenössischen Hengstendepots in Avenches

OBERST JOSEF LÖHRER
Chefpferdarzt der Eidgenössischen Militärpferdeanstalt in Bern

OBERST PIERRE MANGE
Ehemaliger Kommandant der Eidgenössischen Militärpferdeanstalt in Bern

OBERST ADOLF MEIER
Ehemaliger Kommandant des Dragoner-Regiments 1

OBERSTDIVISIONÄR PIERRE DE MURALT
Ehemaliger Waffenchef der Leichten Truppen

DR. HUGO SCHNEIDER
Direktor des Schweizerischen Landesmuseums in Zürich

MAJOR PAUL WEIER
Springreiter und Trainer der Schweizer Springreiter-Equipe

Ein Buch der Reihe
terra hippologica

Max E. Ammann

Der Eidgenoss

Die Geschichte der
Schweizer Kavallerie

Reich Verlag Luzern

Burgundischer Wimpel, von den Glarnern bei Murten 1476 erbeutet, mit dem Bild des Heiligen Georgs und der Devise Karls des Kühnen: «Je l'ay emprins» (ich hab's gewagt).

Gestaltung: Jürgen Braunschweiger
Bildredaktion: Heidrun Diltz

Dieses Buch wurde aus der Garamond-Mediäval gesetzt und in Offset gedruckt bei der Polygraphischen Gesellschaft, Laupen.
Die Bild-Reproduktionen wurden ausgeführt von der
E. Kreienbühl & Cie. AG, Luzern.
Das Spezialpapier lieferte die Papierfabrik Biberist.
Die buchbinderische Verarbeitung lag in Händen der Großbuchbinderei Maurice Busenhart, Lausanne.

© 1975 by Reich Verlag AG, Luzern
Alle Rechte vorbehalten
Printed 1975 in Switzerland
ISBN 3 7243 0112 X

Bannerträger der 12örtigen Eidgenossenschaft. Von links nach rechts: Basel, Bern, Uri, Unterwalden, Glarus, Solothurn, Schaffhausen, Fribourg, Zug, Schwyz, Luzern, Zürich. Es fehlt Appenzell, das erst 1513 in die Eidgenossenschaft eintrat. Die Niklaus Manuel zugeschriebene Rötelzeichnung, eine Kopie der «Stockholmer Bannerträger», entstand nach 1501, nach dem Eintritt von Basel und Schaffhausen in die Eidgenossenschaft. Das Original der Zeichnung wird im Kupferstichkabinett in Basel aufbewahrt.

Inhalt

DER GEIST DER KAVALLERIE LEBT WEITER	6
DAS LETZTE DEFILEE	8
DIE TRADITION DER KAVALLERIE	15
Reiter, Ritter, Reisläufer	16
Die Reiter der Alten Orte	22
EIN JAHRHUNDERT KAVALLERIE	41
Das Bundesheer	42
Die Entwicklung der Kopfbedeckung	46
Truppengattungen und Dienstzweige	48
Stiefel und Sporen	50
Das Reitzeug	51
Die Kavallerie-Waffe	52
DER EIDGENOSS	55
Das fehlerfreie Pferd	57
Ausbildung und Verwendung des Bundespferdes	58
DER DRAGONER	65
Von der RS zum Aktivdienst	66
Das Kaisermanöver	69
Die 4 Generäle	74
Der Eidgenoss zuhause	83
DIE REGIE IN THUN	85
DAS DEPOT IN BERN	88
DIE KAVALLERIEVERBÄNDE	92
DIE GESCHICHTE DES SCHWEIZER PFERDESPORTS	95
Das Springen	96
Die Military	110
Die Dressur	116
Das Fahren	122
Der Offizier im Rennsattel	128
Der Dragoner im Renn- und Springsattel	131
GLAUBE AN DAS PFERD	135
ANHANG	141

Der Geist der Kavallerie lebt weiter

Die Geschichte der Schweizer Kavallerie kann abgeschlossen werden. Sie muß es, weil im Dezember 1972 die eidgenössischen Räte eine überwältigende Volksmeinung mißachteten und durch einen Parlamentsbeschluß die Kavallerie abschafften. In einer ersten Abstimmung hatte der Nationalrat einem Kompromiß zugestimmt. Dann kam ein von kaum jemandem erwartetes Abstimmungsergebnis im Ständerat: Er beschloß die Abschaffung der Kavallerie und die Umschulung der Dragoner auf Panzer. Diesem ständerätlichen Entscheid schloß sich am 6. Dezember 1972 der Nationalrat an.

Es soll hier nicht versucht werden, auf alle Gründe und Ursachen einzugehen, die zu diesem bitteren Ende der Schweizer Kavallerie geführt haben. Erstaunlich ist immerhin die Kehrtwendung von rund 50 Schweizer Nationalräten innerhalb eines Zeitraumes von knapp zehn Wochen.

Als erfreulicher Markstein in einem verlorenen Kampf bleiben die 432 430 Unterschriften, die im April 1972 innerhalb weniger Wochen gesammelt worden waren und die sich für eine Beibehaltung der Kavallerie aussprachen. Als die eidgenössischen Räte diese imposante Volksmeinung ignorierten, sparten sie dabei rund zehn Millionen Franken. Denn soviel kostete die Berittenmachung der Kavallerie. Zehn Millionen Franken waren nur 0,7 Prozent des Militärbudgets der Schweizerischen Eidgenossenschaft von 1,7 Milliarden Franken des Jahres 1972.

Für diese zehn Millionen Franken hätte die Schweizer Armee nicht nur eine Truppe weiterhin behalten, die im unwegsamen, technisch-feindlichen Voralpengebiet und im Jura Aufgaben im Rahmen einer Gesamtverteidigung mit Erfolg erfüllen konnte, sondern auch eine Truppe, die für ihren Geist und ihr Zusammengehörigkeitsgefühl bekannt war.

In einer Zeit, wo an überlieferten Ordnungen gezweifelt wird, hätte ein Truppenkörper, der innerhalb der Schweizer Armee zum eigentlichen Bewahrer der Ideale einer traditionsverbundenen Schweiz wurde, nicht einer zweifelhaften Spar- und Modernisierungsübung geopfert werden sollen. Psychologische und staatsbürgerliche Überlegungen sollten bei der Zusammenstellung der Armee ebenfalls eine Rolle spielen.

Es ist aber auch zutreffend, daß in einigen Landesgegenden die optimale außerdienstliche Verwendung und damit die Vorbereitung für den Dienst, nicht mehr gewährleistet werden konnte. Die weitgehende Mechanisierung der Landwirtschaft verdrängte das Pferd vom Bauernhof, und selbst dort, wo auf Rücksicht auf den Dienst in der Kavallerie noch Pferde gehalten wurden, blieben diese, da Maschinen die tägliche Arbeit leisteten, untrainiert und in der Folge nur noch beschränkt diensttauglich.

Es gibt also keine Schweizer Kavallerie mehr. Sie hat in ihrer hundertjährigen Geschichte keine Schlachten geschlagen. Aber die Dragoner haben, zusammen mit ihren Waffengefährten der anderen Truppengattungen, in einem europäischen und in zwei Weltkriegen die Grenzen unserer Heimat bewacht und haben mitgeholfen, daß die bewaffnete Neutralität der Schweiz auch von den größten Mächten dieser Erde respektiert wurde.

Die Schweizer Kavallerie betätigte sich nicht nur durch die Absolvierung von Rekruten- und Aspirantenschulen, Wiederholungskursen mit Manövern und Defilees und durch zwei Aktivdienste. Ihre Aktivität ging über den Dienst in Uniform hinaus und fand ihre optimale Vertretung in den Kavallerieverbänden, mit ihrer beispielhaften außerdienstlichen Tätigkeit. Die Kavallerieverbände waren wiederum, zusammen mit dem Depot in Bern und der Regie Thun, Träger des schweizerischen Pferdesportes, manifestiert durch glanzvolle internationale Erfolge unserer Spring-, Military- und Dressurreiter und durch die Fahrer. Vielleicht am wichtigsten war es aber, daß der Dragoner seinen Kameraden, den Eidgenoss, im täglichen Lebens- und Arbeitsablauf an seiner Seite hatte. Der Eidgenoss war ein wichtiger Arbeitsgenosse auf dem heimischen Bauernhof, er wurde in bis gegen hundert Kavallerievereinsübungen pro Jahr geritten und getestet, und er war Partner beim Sonntagsausritt.

Dies alles ist nun in Frage gestellt. In Frage gestellt ist aber auch eine optimale Verteidigung unserer Heimat. Denn eine wesentliche Erkenntnis des Aktivdienstes im Zweiten Weltkrieg ergab, daß die Kavallerie in unserem Gelände weiterhin ihre Existenzberechtigung hatte. Denn nur ein relativ schmaler Korridor, nämlich das Mittelland vom Bodensee zum Genfersee, gibt mechanisierten Verbänden die Möglichkeit, massiv und erfolgversprechend vorzustoßen. Rund 70 Prozent der Schweiz, vor allem Jura und Voralpengebiet, sind, wenn überhaupt, nur beschränkt panzergängig.

Das bedeutet, daß neben dem von mechanisierten Truppen beherrschbaren Mittelland in den gebirgigen Flanken stark bewegliche Truppen benötigt werden. Das können, bis zu einem gewissen Grade, motorisierte Truppen sein. Für Sandkastenübungen oder Manöver mit blinder Munition mit ihren vielen unbekannten Komponenten, die ja in der neutralen und kriegsverschonten Schweiz fast ausschließlich meinungsbildend waren und sind, mögen sie genügen. Im Ernstfall, und dafür bereitet sich die Schweizer Armee ja schließlich vor, haben berittene Truppen weiterhin ihre Berechtigung. Überlebenserfahrungen aus dem Zweiten Weltkrieg, als bei den meisten kriegführenden Nationen die Kavallerie bereits – oft voreilig – abgeschafft war, haben das bewiesen.

Da die Kavallerie von ihrer einst kriegsentscheidenden Position im 18. Jahrhundert in eine Nebenrolle abgedrängt wurde, war ihre Verwendung, nicht zuletzt in der Schweiz, von der Phantasie des Korps- oder Divisions-Kommandanten abhängig, dem die betreffende Kavallerieeinheit zugeteilt war. Ob hier alle Möglichkeiten ausgeschöpft wurden, bleibt offen. Die Zweifel trugen aber ebenso zum Tode der Kavallerie bei wie rein politische Überlegungen.

Dieser Tod der Kavallerie ist zweifellos für die heutige Generation endgültig. Es ist aber denkbar, daß in einigen Jahren oder Jahrzehnten eine neue Generation von Heerführern, abhängig vielleicht von Treibstoffüberlegungen, sich des Pferdes und seines Reiters erinnern wird: nicht des säbelschwingenden Husaren, sondern des berittenen Infanteristen, des Dragoners, der Ende 1972 als Folge einer fragwürdigen politischen Entscheidung endgültig absteigen musste. Ihm zu Ehren und als Dokumentation für kommende Generationen wurde dieses Buch gemacht.

MAX E. AMMANN

Das letzte Defilee

Stellvertretend für alle berittenen Verbände der schweizerischen Armee hat das Dragoner-Regiment 1 im Spätherbst 1973 – also knapp ein Jahr nach dem Entscheid der eidgenössischen Räte – in einem letzten Defilee Abschied genommen. Im Morgennebel des 4. November sammelten sich die Angehörigen der sechs Schwadronen und drei Stäbe in den umliegenden Dörfern von Avenches. Sie kamen freiwillig aus dem Waadtland und vom Genfersee, aus dem Jura und dem bernischen Seeland, aus dem freiburgischen Sensebezirk und dem Berner Oberland. Als es langsam Tag wurde, ritten die Schwadronen sternförmig in Richtung Longs Prés, um die letzten Befehle ihres Regiments-Kommandanten entgegenzunehmen. Um 14.00 Uhr – die Sonne begann durch die Wolken zu brechen – marschierte die Spitze des Regiments, begleitet von der Bereitermusik, zum letzten Defilee auf. Über 40 000 Zuschauer aus allen Landesgegenden erwiesen an diesem Tag dem Regiment und damit der Kavallerie ihre Sympathie und Ehre.

Inzwischen sind alle Dragoner auf Schützenpanzer umgeschult worden. Um unsere Waffe ist es stiller geworden. Wir alle haben zum Geschehen Distanz gewonnen.

Ich bin in den vergangenen zwei Jahren wiederholt gefragt worden, wie ich im Nachgang unseren Einsatz für die Beibehaltung der berittenen Verbände beurteile. Ich muß bekennen, daß ich nach wie vor der festen Überzeugung bin, daß die Kavallerie in unserem Land, mit seinen besonderen topographischen Verhältnissen, auch heute noch einen echten militärischen Auftrag zu erfüllen hätte.

Heute kann ich nur meinem Bedauern darüber Ausdruck geben, daß es uns nicht gelungen ist, unserem Land die achtzehn Schwadronen als kleine, aber zuverlässige und staatserhaltende Zelle zu erhalten.

Dragoner! Während langen Jahren durfte ich an der Spitze unseres Verbandes stehen. Unabhängig von materiellen Interessen haben wir uns für unser gemeinsames Ideal eingesetzt. Dieser gemeinsame Kampf war für mich ein staatsbürgerliches Erlebnis, das ich in meinem Leben nicht missen möchte. Ohnmächtig stehe ich vor der Tatsache, daß ich Euch nie mehr werde zurufen dürfen: «Dragoner, an die Pferde! Aufsitzen!»   OBERST ADOLF MEIER

Folgende Seiten: Das letzte Defilee 1973 in Avenches.
Standartenträger und Standartenwache der Dragoner-Abteilung 1.
Der Kommandant und sein Dragoner-Regiment beim Aufmarsch zum Defilee.
Defilee der Schwadron II.

Die Tradition der Kavallerie

Am 15. November 1315 besiegten die Truppen der Urkantone in der Schlacht am Morgarten das Ritterheer Herzog Leopolds I. von Österreich. Dieser Sieg, der die Freiheit der Waldstätte endgültig festigte, wurde durch das für ein Reiterheer ungünstige Gelände und durch die «revolutionäre» Taktik der Schweizer ermöglicht. Auf einem vier Kilometer langen schmalen Pfad, der sich zwischen dem Ägerisee und steilen Bergabhängen hindurchzwängte, mußte sich das Ritterheer schlangenförmig auseinanderziehen. Oberhalb der Felswand der Figlenfluh hatten die Eidgenossen Steinblöcke und Baumstämme bereitgestellt; auf ein gegebenes Zeichen hin rollten sie das Material den Berghang hinunter. Unter den vorrückenden Reitertruppen entstand ungeheure Verwirrung. Die Hinteren wandten sich zur Flucht, stießen dabei auf die Masse des nachrückenden Fußvolkes, drängten es in den See oder wurden selber in die Fluten gestoßen. Für die Vorderen gab es infolge des Steinhagels kein Zurück, sie drängten vorwärts und stießen dort, wo heute die Schlachtkapelle steht, auf die eidgenössische Hauptmacht.

Erstmals in der europäischen Geschichte wurde ein Ritterheer durch Fußvolk vernichtet. Daß dieses Fußvolk aufrührerische Bauern waren, von denen ein von den Schwyzern gefangener Einsiedler Klosterbruder in einem Gedicht behauptete, daß die Eidgenossen «weder Gesetz noch Herren anerkennen» und «vom Satan umstrickt» seien, verbreitete Schrecken in ganz Mitteleuropa – aber es dauerte noch lange Zeit, bis die feudalen Ritter aus der fürchterlichen Niederlage von Morgarten entsprechende taktische Einsichten zogen.

Die Kavallerie erlangte im eidgenössischen Heer erst während des Dreißigjährigen Krieges einige Bedeutung. Städte wie Bern und Zürich schufen kleine Reiterverbände. Bis zu diesem Zeitpunkt waren in den vielen militärischen Auseinandersetzungen innerhalb und außerhalb des eidgenössischen Territoriums nur berittene Hilfskontingente beteiligt gewesen. Die Rekrutierung erfolgte unter den vermögenden Bauern, den Kaufleuten und den finanzkräftigen Bürgern. Landjunker, die das Metier vielfach in fremdem Sold erlernt hatten, übten Vorgesetztenfunktion aus. Neben der Infanterie hatte aber die Kavallerie in unserem Lande immer einen geringen Bestand, auch wenn es sich um eine eindeutige Elitetruppe gehandelt hat.

Nur in wenigen Fällen wurde die Kavallerie als Reitermasse in der Attacke schlachtentscheidend eingesetzt. Das Schwergewicht der Ausbildung lag, entsprechend der eidgenössischen Tradition, im Bereich berittener, beweglicher, schnell verschiebbarer Infanterie.

Diese Entwicklung während über zweihundert Jahren bis in die Mitte des 19. Jahrhunderts zu verfolgen, also bis zu jenem Zeitpunkt, als die auf Grund der Bundesverfassung von 1848 geschaffene eidgenössische Armee, basierend auf klaren einheitlichen Vorschriften, Ordonnanzen und Reglementen, zu erstarken begann, ist ein Teilaspekt dieses Buches.

HUGO SCHNEIDER

Reiter, Ritter, Reisläufer
(1291–1647)

Oberst Ludwig Pfyffer, von Luzern (1524–1594), Oberbefehlshaber eines Schweizer Regiments in Frankreich, Schultheiß des Standes Luzern, genannt «Der Schweizerkönig». Kupferstich, 1748.

J. L. von Erlach-Kastelen, von Bern (1595–1650), General der Armee des Herzogs Bernhard von Sachsen-Weimar, Generalleutnant im Dienste Frankreichs, Generalleutnant M. G. H. zu Bern. Kupferstich.

Jacob von Estavayé (1606–1664), Herr von Mollondin, Feldmarschall in französischen Diensten, Gouverneur des Fürstentums Neuenburg und Valangin. Ölgemälde.

Die Ursprünge der Kavallerie reichen weit zurück. Ihre Geschichte geht parallel mit der der Geschichte des Pferdes. Fast alle Völker hatten neben den Fußtruppen eine Reiterwaffe. Kyros, König von Persien, schuf im 6. Jh. v. Chr. die erste Nationalkavallerie, die zuletzt über 100 000 Reiter zählte. Die ägyptischen Könige hatten ihre Reiterscharen und die Numidier ihre leichten Reiter. Im alten Griechenland wurde das Reiten bereits als Kunst geübt. Zu den Olympischen Spielen gehörten Reitwettkämpfe, und Xenophon (430–354 v. Chr.) verfaßte die ersten Abhandlungen über die Reitkunst.

Damals ritt man noch ohne Sattel und Bügel, auf dem bloßen Pferderücken oder auf einer dem Tier aufgelegten Decke. Der Sattel kam erst bei den Römern auf; den Steigbügel erfanden viel später die Hunnen.

Die erste Kavallerie mit geschlossenen und disziplinierten Einheiten entwickelten die Mazedonier, der erste große Reiterführer war Alexander der Große (356–323 v. Chr.). Die Römer besaßen eine Reiterei seit den ersten legendären Königen (6. Jh. v. Chr.). Allerdings: die römische Kavallerie war der karthagischen Reiterei nicht gewachsen. Die klassische Vernichtungsschlacht von Cannae (216 v. Chr.) wurde unter Hannibals Führung zum Ehrentag der karthagischen Reiterei. Die Römer hatten für eine Reitkunst im engeren Sinn wenig übrig. Sie züchteten zwar Pferde und führten Wagenrennen durch.

Berühmte Reitervölker waren die Hunnen unter Attila († 453) im ausgehenden Altertum und die Mongolen unter Dschingis Khan (1155–1227) im Mittelalter. Es waren Natur-

Belagerung von Dijon durch die Schweizer im August 1513. Der Gewandtheit des Herrn von La Trémoille in den Verhandlungen mit dem Schultheißen von Wattenwyl gelang es, die Schweizer zum Abzug zu bewegen. Fragment eines flämischen Wandteppichs.

Johann Rudolf Werdmüller, von Zürich (1614–1677), Generalleutnant in französischen Diensten, General in Venedig, Feldmarschall in Österreich, Gouverneur von Phillippsburg, Ritter des St.-Michael- und St.-Markusordens, Reichsfreiherr. Kupferstich, 1654.

Alois von Reding, von Schwyz (1765–1818), Oberstleutnant eines Schweizer Regiments im Dienste Spaniens, General der Schwyzer 1798, erster Landammann der Schweiz. Kupferstich.

Fähnrich und Oberst des Schweizer Garderegiments in Frankreich unter Ludwig XVI. Das von Ludwig XIII. 1616 geschaffene Regiment hatte an 71 Feldzügen, 154 Schlachten und 30 Belagerungen teilgenommen. Kolorierte Zeichnung, 1786.

Die Schlacht von Marignano, die «Schlacht der Riesen», 13./14. September 1515: Die Vorhut der Schweizer dringt in die vorderste Linie der Franzosen. Dann trifft sie auf die Reitermassen Franz I., die sie mit vorgehaltenem Spieß empfangen und bis zur zweiten Befestigungslinie bei Zivido zurückdrängen. Stich von Juan Andrea.

völker, die im Pferd entweder Mittel zum Zweck oder höchstes Gut sahen, ohne aber die Kunst des Reitens zu pflegen.

Auch bei den gallischen und germanischen Völkern spielte die Reiterei eine große Rolle. Burgunder, Ostgoten, Franken und Sachsen waren vorzügliche berittene Kämpfer. Im Mittelalter entwickelte sich im Norden Europas die Reiterei der gepanzerten Ritter, die mit brutalen Stangengebissen und langen Sporen versuchten, den massiven Pferden, die nötig waren, um das Metallgewicht der Ritter zu tragen, Vorwärtsdrang zu geben. Die Turniere wurden, vor allem nach den Kreuzzügen, zu blutigen Zweikämpfen.

Die Neuzeit brachte Änderungen ins Reiterwesen sowohl wegen der aufkommenden Feuerwaffen als auch durch den Einfluß der Schulreiterei, die zuerst in Italien, vor allem in Neapel, aufkam. Grisoni und Pignatelli, der letztere der Erfinder der Kandare, in Italien, de Pluvinel und der Herzog von Newcastle in Frankreich und England, leiteten eine Renaissance der Reitkunst ein. Allerdings wurde deren Reiten mehr in den Dienst des Hofes als in jenen der Armee gestellt. Der Dreißigjährige Krieg (1618–1648) brachte zwar eine

Rechts: Schützenhaube, um 1610. Morion, um 1590. Birnhaube, um 1600.
Darunter: Rückenstück einer Halbrüstung aus poliertem Stahl mit Ätzarbeiten, italienisch, um 1580.
Die meisten Stücke stammten aus oberitalienischen, vorwiegend mailändischen Werkstätten.

Unten: Schweizer Halbarten, um 1600, um 1490, um 1470. Sie sind alle in einheimischen Werkstätten geschmiedet und mit Eschenholz aus hiesigen Waldungen geschäftet.

wichtige Reiterei und eine Reihe großer Reiterführer hervor: Gustav Adolf, Pappenheim, General Horn, Johann von Werdt, Graf Sporck. Aber erst das 18. Jahrhundert schlug durch die Betonung von Losgelassenheit und Durchlässigkeit eine Brücke von der Manegenreiterei zur Schlachtenkavallerie.

In der Schweiz wurde diese internationale Entwicklung der Reiterei und der Reitkunst kaum zur Kenntnis genommen, schon gar nicht in den Jahrzehnten bis Marignano, während denen die Eidgenossen das «beste Infanterieheer Europas» darstellten. Es war gefürchtet und bildete die Ausgangslage für die bereits im 14. und 15. Jahrhundert, dann vor allem im 16., 17. und 18. Jahrhundert blühende Reisläuferei, die der Schweiz einen wenn im Endeffekt auch fragwürdigen Wohlstand sicherte.

Die Schweizer Armee, die in einer ersten Phase sich selbst behauptete – Morgarten (1315) bis Sempach (1386) und Näfels (1388) –, dann in einer zweiten Phase Kriege zur Erwerbung und zur Sicherung der natürlichen Grenzen führte – die Appenzellerkriege (1403–1408) bis zu den Schlachten bei St. Jakob an der Sihl (1443) und St. Jakob an der Birs (1444) – und die schließlich in einer dritten Phase eine Ausdehnung ihrer Gebiete über die geographischen Grenzen hinaus versuchte – Burgunderkriege (1474–1477), Schwabenkrieg (1499) und italienische Feldzüge (1499–1515) – war während all diesen Jahren in erster Linie ein Infanterieheer.

Schon in der ersten Schlacht, in der sich der 1291 beschworene «Ewige Bund» der Eidgenossen zu bewähren hatte, in der Schlacht am

Morgarten (1315) errang die Kampftaktik der unberittenen Bergler aus Uri, Schwyz und Unterwalden einen für die damaligen Zeitgenossen völlig unerwarteten Sieg über das habsburgische Ritter- und Reiterheer, das wähnte, zu einer fröhlichen Bauernbestrafung auszuziehen, aber eine vernichtend-blutige Niederlage erlitt.

Auch die weiteren Freiheitskriege, vor allem die Schlachten von Laupen (1339) und Sempach (1386), bestritten die Eidgenossen zu Fuß.

Erst in den Feldzügen gegen Burgund gelangte eine ins Gewicht fallende Reiterei zum Einsatz. Bei Murten (1476) kämpften als Verbündete der Eidgenossen über 1800 Berittene. Die Reiterei war allerdings dem Fußvolk unterstellt und spielte im Gefecht keine entscheidende Rolle, obwohl sie große Dienste leistete.

Bei Murten deckte sie den Zusammenzug des Heeres, führte Erkundigungsritte aus, unterstützte den Kampf der Vorhut und verfolgte den Feind. Ihre Taktik war einfach: Wenn der Ansturm der feindlichen Reiterei an der Mauer der eidgenössischen Spießknechte abgeprallt war, fielen die Berittenen in die Flanken des erschütterten Gegners und zerstreuten ihn vollends. Auf dem Marsch ritt der Hauptteil der Reiterei vor dem Gewalthaufen; eine Unterabteilung ritt mit der Vorhut. Ein Teil diente als Geleit bei den Stäben, bei der Artillerie und beim Troß.

Die damalige Reiterei bestand aus den in den Eidgenössischen Orten verburgrechteten oder mit ihnen verbündeten Edlen und ihren Hörigen und freien Dienstleuten. Der Fürstbischof von Basel, der Fürstabt von St. Gallen, die Grafen von Neuenburg und Greyerz sowie der Freiherr von Hohensax stellten die Reisigen, ebenso die Klöster und die Ritter der Johanniterkomturei. Die Reisigen wurden als schwere Reiterei verwendet, die berittenen Armbrustschützen versahen den Nachrichtendienst. Von den lothringischen, elsässi-

Rechts: Goldkreuz des königlichen Militärordens des heiligen Ludwig von 1693, mit dem mehrere tausend Schweizer Offiziere in französischen Diensten ausgezeichnet wurden.

Unten: Eisen des 18 Schuh langen Schweizer Spießes aus dem 15. und 16. Jahrhundert. Gefürchtetste Waffe der Schweren Infanterie und Ursache ihrer Überlegenheit über die Reiterei. Spitze und Schaft wurden in der Schweiz hergestellt.

Unten: Armbrust mit stählernem Bogen und Winde, um 1570. Die Säule ist verbeint. Es handelt sich um einheimische Produkte.

schen oder bischöflichen Verbündeten kam gelegentlich Verstärkung.

Die mit den Eidgenossen verbündete Reiterei führte die lange Lanze, den Dolch sowie den Streithammer oder den Streitkolben, die am Sattel befestigt waren. Ein Panzerhemd oder Kettenhemd schützte den Körper, ein Topfhelm den Kopf des Reiters. Erst in der Mitte des 15. Jahrhunderts kam der Plattenharnisch in Gebrauch. Er wurde auch «gothische Rüstung» genannt und bestand aus polierten Stahlplatten, die sich eng an den Körper anschmiegten. Dabei wurde aber den Muskeln freies Spiel gelassen. Der ursprüngliche Kopfschutz der eidgenössischen Reiterei, der Topfhelm, wurde durch die Beckenhaube abgelöst. Später kamen der Tseckhelm und der Visierhelm, der letztere die vollkommenste Helmform zu Beginn des 16. Jahrhunderts. Die späteren Helme waren leichter und hatten Nackenschutz und Kinnriemen.

Mit der Verbesserung der Feuerwaffen verlor die eiserne Rüstung ihren Wert, und am Ende des 16. Jahrhunderts war sie zum Luxus- und Paradestück geworden. Feuerwaffen wurden erstmals von Schweizer Reitern auf einem Feldzug nach Italien mitgeführt. Es waren besondere Handrohre, sogenannte Brust- oder Radstutzen, deren Kolben auf dem Bruststück des Harnisch aufgesetzt wurde.

Die Geschichte der schweizerischen Reiterei steht in unlösbarem Zusammenhang mit dem schweizerischen Söldnertum, der «Reisläuferei». Die Kargheit des Bodens und die wirtschaftliche Lage veranlaßten die jungen Schweizer, als Söldner in fremden Armeen tätig zu sein. Vom 14. bis zum frühen 19. Jahrhundert dienten rund drei Millionen Schweizer in fremden Armeen. Die Reisläuferei und der Dienst fürs Vaterland waren eng miteinander verknüpft und verbunden. Es gab nie einen Gegensatz zwischen den beiden, sie sind nicht gegeneinander, sondern nebeneinander zu stellen.

Der Pfaffenbrief von 1370 und der Sempacherbrief von 1393, der den Acht Alten Orten die erste gemeinsame Wehrverfassung gab, wie auch Verordnungen von 1397, 1401 und 1455 untersagten dem einzelnen, von sich aus in einen fremden Dienst zu ziehen. Es drohte die Todesstrafe. Aber weder Verbote noch Strafen konnten die Abenteuerlustigen abhalten. Bereits die Sieger von Sempach bestanden zum großen Teil aus Söldnern, dasselbe gilt für Murten, Dornach und Novara. Die Kriege des Vaterlandes führten die Söldner in die Heimat zurück. Kaum war der Sieg errungen, zogen sie erneut über die Grenze.

Da die Orte nicht imstande waren, den Auszug der Söldner zu bekämpfen, versuchten sie ihn zu regeln. Sie begannen, mit der Ware «Söldner» Exporthandel zu treiben. Die Orte bewilligten den Nachbarländern Aushebungen im Austausch gegen Bündnisverträge oder handelspolitische Vergünstigungen. Der

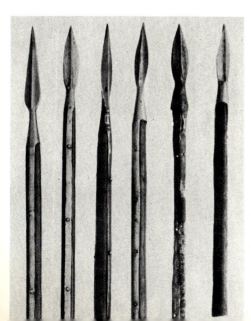

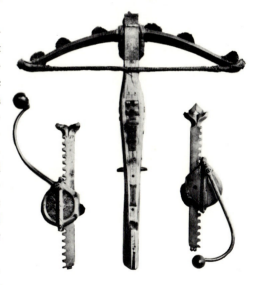

ursprüngliche Zweck, mit diesen Verträgen den Söldnern Schutz zu gewähren, wich bald der Erkenntnis, daß der militärische Wert ihrer Krieger ein teuer zu verkaufender Handelsgegenstand sei. Aber nicht nur Spießknechte dienten im Ausland. Alle großen Führer der Eidgenossen in den Kriegen jener Zeit hatten im Ausland gedient: Erlach, Attinghausen, Werdenberg, Reding, Diesbach,

Links: Radschloßpistole mit Beineinlagen, immer paarweise verwendet, um 1600. Diese «Faustrohre» stammten meist aus Werkstätten in Nürnberg und wurden in größeren Mengen durch die städtischen Zeugämter aufgekauft.
Daneben: Radschloßkarabiner, 17. Jahrhundert. Die Offiziere trugen den Pallasch und zwei Faustrohre am vorderen Sattelpausch; die Mannschaft war dagegen mit dem Pallasch und dem Karabiner ausgerüstet. Diese kurzläufige Waffe hing am Bandelier an einem Karabinerhaken; von diesem übertrug sich der Name auf die Waffe.

Rechts: Die Schlacht bei Grandson, 2. März 1476. Die Vorhut unter Hans von Scharnachtal von Bern trifft auf die burgundischen Bogenschützen bei Concise. In der Mitte die Basler Reiterei im Kampf mit den Reisigen Château-Guyons. 20 000 Eidgenossen schlugen das 30 000-Mann-Heer der Burgunder in die Flucht und erbeuteten 627 Banner und Fahnen, 429 Geschütze, 10 000 Pferde und ungezählte Schätze des verlassenen Lagers. Ausschnitt einer Bildtafel der Luzerner Diebold-Schilling-Chronik.

Waldmann und Bubenberg, um nur einige zu nennen.

Das erste reguläre Schweizerkorps in französischen Diensten traf im April 1480 in Chalon-sur-Saône ein. Neben 5950 Fußknechten waren auch 300 Berittene unter dem Befehl von Wilhelm von Diesbach und Hans Waldmann dabei. Aber weiterhin bildeten die Schweizer die Kerntruppe der Infanterie in den fremden Armeen, in denen sie dienten.

Ein Jahr später wurde in Freiburg der Ewige Friede zwischen der Krone Frankreichs und dem Bund der Eidgenossen unterzeichnet. Es war ein großzügiger Friede, der 1521 durch einen Bündnisvertrag ergänzt wurde. Er enthielt unter anderem die Verpflichtung der Eidgenossen, dem König ständig 16000 Mann zu stellen. Dies war der Beginn einer neuen Periode in der Geschichte der Schweizer in fremden Kriegsdiensten. Die private

wehr Genfs gegen den Herzog von Savoyen und die Vertreibung der Eindringlinge aus dem Veltlin. Aber im 18. Jahrhundert verursachten Nachlässigkeit, die Lockerung der eidgenössischen Bande, politischer und geistiger Provinzialismus sowie gesellschaftsstrukturelle Änderungen im Ausland, den Untergang der Alten Eidgenossenschaft.

Nur die Zeit des Dreißigjährigen Krieges brachte der Eidgenossenschaft der 13 Alten

Im Jahre 1506 schuf Papst Julius II. die päpstliche Schweizergarde, die noch heute besteht. Fünf Jahre später hintertrieb Kardinal Schinner, Bischof von Sitten, das französisch-schweizerische Bündnis. Er träumte davon, die Macht der Schweiz beiderseits der Alpen zur Geltung zu bringen. Auf den triumphalen Sieg in Novara (1513) folgte die alles entscheidende Niederlage von Marignano (1515). Mit gesenkten Spießen wiesen die Schweizer vorerst 30 Stürme der königlich-französischen Reiterei ab. Aber die überlegene Feldartillerie der Franzosen – 74 gegen nur 8 Geschütze der Eidgenossen – brachte gewaltige Verluste (20000 Mann), die zum Rückzug der Schweizer führten.

Anwerbung einzelner Söldner verschwindet. An ihre Stelle treten regelrechte Aushebungen, vorerst nur für Feldzüge, ab Anfang des 17. Jahrhunderts aber für ständige Truppenkörper.

In der Schweiz brachen im Zuge der Reformation religiöse Zwiste aus, die über die Jahre bis 1798 zum Niedergang der Alten Eidgenossenschaft beitrugen. Der eidgenössische Bund, zutiefst entzweit, begnügte sich damit, seine Verbündeten, vor allem Frankreich, mit Truppen zu versorgen. Die Religionskriege (Kappel und Villmergen) sowie der Bauernkrieg verdüsterten das 16. und 17. Jahrhundert. Demgegenüber stehen nur wenige kriegerische Ruhmestaten: die heldenhafte Ab-

Orte eine vorübergehende innere Reifung. Das Ergebnis war vorerst ein Friedensaufruf, der im Jahre 1636 an den deutschen Kaiser und alle bedeutenden europäischen Fürsten gerichtet wurde. Als Ergänzung zu dieser Äusserung der dauernden Neutralität erkannten aber die Schweizer Staatsmänner jener Zeit, daß Neutralität nur dann auf Anerkennung durch kriegstüchtige Nachbarn rechnen kann, wenn sie auch mit den Waffen verteidigt würde. Das Ergebnis dieser Überlegungen war im Jahre 1647 das Defensionale von Wil, die erste eidgenössische Wehrordnung.

Die Reiter der Alten Orte (1647–1873)

Der Militär-Maler und Infanterie-Major Albert von Escher (1833–1905) beschäftigte sich über dreißig Jahre mit der schweizerischen Uniformenkunde. Er brachte die Ergebnisse seiner Forschungen in Hunderten von Aquarellen zu Papier. Obwohl Escher kaum Details der Ausrüstung wiedergibt, vermitteln die Blätter doch einen guten Überblick über die Uniformen der Schweizer Miliz im 18. und 19. Jahrhundert.

Die hier wiedergegebenen Abbildungen sind zum Teil Originalaquarelle aus dem Besitz der Eidgenössischen Militärbibliothek in Bern und der Zentralbibliothek in Luzern, sowie handkolorierte Drucke aus den Militäralben «Die Schweizerische Kavallerie von 1800–1850», die Albert von Escher im eigenen Verlag herausgab.

Unter dem Eindruck der politischen Erfahrungen während des Dreißigjährigen Krieges unterzeichneten im Jahre 1647 die Vertreter der Eidgenössischen Orte das «Defensionale von Wil». Dieses Abkommen zielte darauf ab, bei Bedrohung der schweizerischen Grenzen ein gemeinsames eidgenössisches Heer von 36 000 Mann mobilisieren zu können. Vorgesehen war, den Oberbefehl einem Eidgenössischen Kriegsrat anzuvertrauen, der aus Angehörigen beider Konfessionen zusammengesetzt sein sollte. Die seit der Schlacht von Marignano (1515) passiv geübte schweizerische Neutralität wurde dadurch politisch aktiviert: Als «bewaffnete Neutralität» wurde sie zu einem politischen Prinzip, das für die Schweiz noch heute unverändert seine Gültigkeit besitzt und durch den Wiener Kongreß im Jahre 1815 völkerrechtlich verankert wurde.

Das Defensionale von Wil bestimmte die Größe der Truppenkontingente, die die einzelnen Kantone, die zugewandten (also verbündeten) Orte und die eidgenössischen Untertanengebiete zu stellen hatten. Viel zu reden und zu beratschlagen gab es, bis die Größe der Mannschaftsbestände der einzelnen Orte und die Zahl der Geschütze festgelegt waren, wobei um die Verhältniszahl der naturgemäß kostspieligen Berittenen zu den Fußtruppen lang und heftig gestritten wurde.

Anfänglich einigte man sich auf 600 Reiter in einem Heer von 9000 Mann. Dann fand man die Formel 900 Reiter auf 7200 Mann, bis man sich schließlich auf 1300 Reiter in einem Heer von 20 000 einigte. 300 der Pferde hatte Zürich zu stellen und 200 Bern. Die rest-

ZÜRCHER DRAGONER 1770–1798
Aquarell von A. Pochon, Bern.

Die Reitertruppe der Grafschaft Kiburg bei Winterthur trug, im Unterschied zu den blau-rot uniformierten Unterländerdragonern der Stadt Zürich, rot-gelbe Röcke und wurde deshalb «rote Dragoner» genannt. Sie setzten sich aus 8 Schwadronen zu 16 Kompanien mit 51 Mann zusammen.

lichen 800 kamen aus den übrigen und aus den zugewandten Orten.

Kurz nach Inkraftsetzung des Defensionale von Wil bedrohten die Schweden die eidgenössische Ostgrenze bei Bregenz. Eine Teilmobilisation verhinderte größere Grenzverletzungen. Ernster wurde es 1668, als König Ludwig XIV. in die Franche Comté einbrach, die unter schweizerischem Protektorat stand. Die einberufene Tagsatzung von Baden erließ in der Folge am 18. Mai 1668 das Bundesdefensionale.

Die Schweizer Armee wurde größer. Sie umfaßte nun 40 000 Mann Infanterie, 1200 Kavalleristen und 48 Geschütze. Eine Infanteriekompanie bestand damals aus 120 Musketieren, 60 Spießträgern und 20 Halbardieren.

Erst dieses Badener Bundesdefensionale von 1668 konnte, nach den drei Wehrvereinbarungen, dem Sempacherbrief (1393), dem Stanser Verkommnis (1481) und dem Defensionale von Wil (1647), als Dienstreglement im heutigen Sinne bezeichnet werden.

In den folgenden Jahrzehnten gaben einzelne Orte gewaltige Summen aus für den Unterhalt ihrer Truppen und die Verstärkung der städtischen Befestigungsanlagen. Im Jahre 1702 wurde das Defensionale noch einmal bestätigt. Bald verlor es aber seinen praktischen Wert und war gegen Mitte des 18. Jahrhunderts außer Kraft. Die Folgen dieser kurzsichtigen und resignierenden Haltung blieben nicht aus: Sie führten 1798 zum ruhmlosen Untergang der Alten Eidgenossenschaft.

Auf Grund der Defensionale von 1647 und 1668 begannen die Orte, ihre Truppen aufzustellen. Bern vor allem begann gleich nach Beendigung des Bauernkrieges (1653) mit einer Organisation der Reiterei. Man erwog, ob man nicht Wirten, Müllern und Metzgern die Dienstpflicht als Reiter auferlegen sollte. Vorerst entstanden in den Ämtern freiwillige Reiterkorps, deren Ausbildung von einem Obersten überwacht wurde. Schwierigkeiten machte die Pferdebeschaffung, und die Klagen über die geringe Qualität der Pferde hatten zur Folge, daß man 1685 den Antrag stellte, die «Reiter» in «Dragoner» umzubenennen,

ZÜRCHER DRAGONER
1837–1848

1 Kavallerie-Gruppe, 2 Trompeter, dahinter der Kommandant und 3 Dragoner mit ihrem Korporal paradieren flußaufwärts auf der Höhe des Zunfthauses zur Meise. Sie tragen den schmucken Raupenhelm mit reicher Messingverzierung, der neben seiner dekorativen Wirkung den Dragoner gegen Säbelhiebe schützte.

Das Bekleidungsreglement vom 9. August 1837, erstellt durch den Zürcher Kriegsrat, galt als vorbildlich und wurde von verschiedenen Kantonen als Vorlage benutzt.

ZÜRCHER DRAGONER 1694
auf dem Fraumünsterplatz

Die Dragoner und ihre Offiziere von Zürich und Bern rekrutierten sich aus dem wohlhabenden Bürgertum und Bauernstand, die sich die Anschaffung eines Pferdes leisten konnten. Die Anfänge einer genormten Soldatenkleidung beginnt bei der Reiterei bereits in der zweiten Hälfte des 17. Jahrhunderts. Die Bekleidung bestand aus breitrandigen Hüten, weitgeschnittenen, mit Tressen verzierten glockigen Röcken, meistens in den Standesfarben. Im Kampf wurden der Lederrock mit dem Brustküraß und als Kopfbedeckung die Zischägge (ein Eisenhelm) getragen.

BERNER DRAGONER 1742
vor dem Schloß Nidau bei Biel

Die alte Republik Bern stellte in der Mitte des 18. Jahrhunderts 18 Dragoner-Kompanien. Sie rekrutierten sich aus den Landstädtchen und Amtsbezirken und wurden durch 3 Waadtländer und 5 Aargauer Kompanien ergänzt. Als Kopfbedeckung trugen sie den Dreispitz. Der rote Rock hatte schwarze oder gelbe Aufschläge zur Unterscheidung. Während eines Urlaubs im Jahre 1767 stellte der bekannte Berner Reitergeneral in preußischen Diensten, von Lentulus, Bern, seine militärische Erfahrung zur Verfügung. Unter seiner Leitung wurden Musterungen und Manöver abgehalten und die Kavallerie nach seinen Vorschlägen modernisiert.

weil deren Pferde von geringerer Qualität sein könnten! Die Uniformen waren farbenprächtig und es wurde mit Begeisterung paradiert.

Im zweiten Villmergerkrieg (1712), in dem die katholischen Orte besiegt wurden, boten die Berner 1013 Reiter auf. Im Gefecht bei Maiengrün gelang es den bernischen Dragonern, zwei luzernische Kanonen zu erbeuten, und zwei Dragonerkompanien glückte eine Umgehung, die nach Einnahme eines Geschützes den Sieg der Berner entschied.

In der Schlacht von Villmergen verfolgten die Dragoner den fliehenden Feind. Nur wenige Tage zuvor hatten die Zürcher Dragoner einen zahlenmäßig überlegenen Einfall von katholischen Truppenteilen zurückweisen können.

Als Folge dieser positiven Kriegserfahrung wandelte Bern sämtliche Reiter in Dragoner um. Dragoner, die ein Pferd selbst stellten,

DRAGONER DER BERNER STADTLEGION
1804–1807

Das erste Militärreglement teilte nach der Helvetik von 1804 das Heer des schweizerischen Bundesvereins in 7 Legionen ein. Die Gruppe auf dem Berner Münsterplatz zeigt von links nach rechts einen Trompeter, Offizier, Standartenträger und Dragoner in «kleiner Uniform» der Stadtlegion. Im Gegensatz zum Fahnenträger der Infanterie trug der Standartenträger der Kavallerie die wesentlich kleinere Standarte.

hatten Anrecht auf einen Reitlohn der Gemeinde.

Im 18. Jahrhundert war das Berner Heer das schlagkräftigste der Alten Eidgenossenschaft. In den Mannschaftskontrollen von 1760 waren 63 697 Mann aufgeführt, wovon 27 918 zum ersten Aufgebot gehörten. Die bernische Armee bestand aus 21 Infanterie- und vier Dragonerregimentern. Das Waadtland, damals noch unter Berner Herrschaft, stellte einen Drittel der Berner Armee, darunter ein Dragonerregiment und drei Kompanien Kürassiere sowie 600 Matrosen für die Genferseeflotte. Im Berner Zeughaus lagerten 30 000 Gewehre und 500 Geschütze.

Die Ausbildung war in den verschiedenen Orten sehr unterschiedlich. Sie erfolgte in jedem Rekrutierungskreis durch einen Landmajor, dem Hilfsinstruktoren zur Seite standen. Die Einzelausbildung dauerte knapp 14 Tage – dazu kamen jährliche Truppenzusammenzüge mit Manövern von ein bis zwei Wochen Dauer.

Bis 1770 lehnten sich die schweizerischen Armeereglemente an französischen Fassungen an, später ließen sie sich von den Verordnungen des Preußenkönigs Friedrich II. stark beeinflussen.

Im Jahre 1798, als die Alte Eidgenossenschaft unterging, setzten sich die kantonalen Kavalleriekontingente wie folgt zusammen:

Bern	1090 Mann
Zürich	870 Mann
Freiburg	170 Mann
Luzern	215 Mann
St. Gallen	365 Mann
Solothurn	230 Mann
Appenzell	50 Mann
Basel	220 Mann
Schaffhausen	180 Mann
Freiamt	50 Mann
Biel	108 Mann
somit total	3548 Berittene

Die gesamte eidgenössische Miliz zählte damals 158750 Mann.

Praktisch bestand die gesamte Kavallerie aus Dragonern. Die Ausrüstung der Berner Dragoner zeigte deren Funktion: Sie mußte rasch und beweglich sein. Der Berner Dragoner zu Ende des 18. Jahrhunderts trug einen Karabiner mit Bajonett, zwei Pistolen und einen Pallasch.

Die schwache Dotierung der Kavallerie – 3500 in einer Armee von 160000 Mann – ist ein Hinweis auf die geringe Einschätzung der berittenen Truppen durch die damaligen eidgenössischen Behörden. Die französische Invasion von 1798 und die kriegerischen Ereig-

LUZERNER DRAGONER 1804
vor der schönen Kulisse der Rigikette

Schon ein Jahr später, am 11. September 1805, wurden sie in «rote Husaren» (Bild unten) umgewandelt. Die Reitergattung der Husaren stammte ursprünglich aus Ungarn und wurde in ganz Europa nachgeahmt. Sie führten den Kleinkrieg zu Pferd – Überfälle, Streifzüge, Aufklärungsritte – und den Kurierdienst aus. Hervorstechendes Merkmal der Husarenuniform war der Dolman, eine kurze Jacke, die auf der Brust mit Zierverschnürung geschlossen wurde und an den Säumen mit Pelz verbrämt war. 1817 wurden die Luzerner Husaren aufgelöst.

AARGAUER KAVALLERIE 1818

Neben Unteroffizier und Offizier führt ein Dragoner ein gesatteltes Pferd aus dem Stall. Die Pferdeausstattung bestand aus einer grünen Satteldecke, der sogenannten Schabracke, und dem Mantelsack, der als Rolle hinter dem Sattel befestigt war. Zwei mit Fell überzogene Pistolentaschen hingen links und rechts vorn am Sattel. Zur Arbeit im Stall trug man zwilchene Überkleider.

OFFIZIERE DES KANTONALSTABES AARGAU 1827

vor der Festung Aarburg

Von links nach rechts: Oberstleutnant des Kriegskommissariats, Hauptmann des Zahlamtes, Oberstleutnant und Bezirkskommandant, Oberst des Kantonsstabes, Hauptmann als Adjutant.

nisse des 19. Jahrhunderts überzeugten sie endlich – zu spät – vom Wert der bewaffneten Reiterei.

Die Berner Kavallerie wurde 1768 nach den Vorschlägen von General Lentulus, einem ehemaligen Reiterführer Friedrich des Großen, reorganisiert. Dem ehemaligen preußischen General mißfiel es, daß die Dragoner für Feuergefechte absaßen. Statt dessen ließ er Gefechte zu Pferd führen. Exerzieren im Trab. Attackieren im Galopp, Schießen mit Pistole und Karabiner. Abschluß und Höhepunkt, mit dem Hintergedanken einer Förderung der Reit- und Hiebfestigkeit, war jeweils das «Apfelhauen».

In Zürich wurde im Jahre 1644 mit der Aufstellung einer eigenen Reiterei begonnen. Ihr Kommandant war General Hans Konrad Werdmüller. Vierzig Jahre später erging vom Rat der Befehl, daß die tüchtigsten Leute jeder Musketierkompanie zu den Dragonern auszuziehen seien. Zu jener Zeit zählte die zürcherische Kavallerie 1000 Mann. Im Jahre 1798 waren es nur noch 870. Die bekannteste Einheit waren die Kyburger Dragoner.

Luzern, der dritte große Stand der Alten Eidgenossenschaft, hatte eine relativ kleine Kavallerie. Immerhin wurden im Villmergerkrieg drei Kompanien aus den Ämtern Willisau, Rothenburg und Münster ins Reußtal entsandt. 1798 zählte die luzernische Kavallerie 215 Mann. Die Offiziere waren Stadtluzerner, die Mannschaft setzte sich aus wohlhabenden Landleuten zusammen. Wie in anderen Orten mußten sie sich auf eigene Kosten ausrüsten und beritten machen.

In Freiburg war die Aufstellung der drei

DRAGONER DER STADT BASEL 1792
vor dem Schloß Angenstein

In der Ordonnanz vom 28. Mai 1774 steht über die Rangabzeichen und Bewaffnung der Offiziere: «Auf der rechten Schulter trägt er eine silberne Aguillette und auf der linken eine Epaulette, einen silbernen Degen, keinen Karabiner, wohl aber ein Paar Pistolen mit silbernen Galons auf den roten Taschen (Pistolenfutteralen).»

KAVALLERIE BASEL-LAND 1834
vor dem Schloß Reichenstein bei Arlesheim

Die Teilung des Kantons Basel im Jahre 1833 wirkte sich auch auf das Militär aus. Die kleine Gruppe «Jäger zu Pferd» – Offizier, Wachtmeister und Gemeiner – tragen Uniformen nach dem neuen Reglement von 1834.

Dragonerkompanien von zusammen 170 Mann den Pfarrgemeinden überbunden. In Schaffhausen mußten Bürger und Beamte die Rekrutierung für die Kavallerie sichern: Entweder stellten sie zu zweit einen Reiter, oder sie dienten selbst.

Die knapp 200 Dragoner von Basel zeichneten sich 1634 bei einem Racheüberfall auf Rheinfelden aus, indem sie mit einem kühnen Reiterangriff durch das Stadttor eindrangen.

Appenzell Außerrhoden stellte rund 50 Dragoner aus den größten Gemeinden. Auch die Stadt St. Gallen hatte ein Reiterkorps: Grenadiere zu Pferd. Sie rekrutierten sich aus jenen Bürgern, die von Berufes wegen Pferde hielten. Zusätzlich dazu hatte der Fürstabt von St. Gallen seine größeren Höfe verpflichtet, je ein bis zwei Reiter zu stellen.

Als im Jahre 1798 eine Armee, inspiriert vom Geist der Französischen Revolution, auf Befehl des Pariser Direktoriums in die Schweiz eindrang, erwies es sich, daß die schweizerischen Truppenkörper unfähig waren, einen zusammenhängend organisierten Widerstand zu leisten.

Der Sturm auf die Bastille von 1789 und der Sturz des Königtums von 1792 waren die entscheidenden Stationen der französischen Revolution, die aber bald in eine Schreckensherrschaft ausartete. Die europäischen Großmächte sahen dies mit Besorgnis. So kam das habsburgische Kaiserreich zum Entschluß, im revolutionären Frankreich mit Waffengewalt das Rad wieder zurückzudrehen. Im darauffolgenden Ersten Koalitionskrieg war vorerst das konservative Lager der Habsburger im Vorteil.

Aber in Frankreich regten sich neue nationale Kräfte, die in dem jungen General Napoleon Bonaparte einen Idealführer fanden.

Der Schweiz hätte dieses lange währende relative Gleichgewicht zwischen zwei Groß-

SOLOTHURNER FREIKORPS «JÄGER ZU PFERD» 1804–1812
vor der St.-Ursen-Kathedrale

Der junge Leutnant, der Escadronchef, der Jäger zu Pferd und der Wachtmeister waren Freiwillige, die, mit der Einsetzung der Mediationsregierung im Jahre 1804, diese Truppen in der Stadt Solothurn bildeten.

SOLOTHURNER «JÄGER ZU PFERD» 1812

Die «Jäger zu Pferd» gehörten zur Leichten Kavallerie und waren für den Kundschafter- und Sicherungsdienst bestimmt. Das Jagdhorn, das als Truppengattungsabzeichen häufig auf der Kopfbedeckung, der Patronentasche und auf der Mantelrolle erscheint, erinnert an ihre Herkunft als Jagd- und Forstaufseher.

mächten günstige Voraussetzungen geboten, um im Sinne der im Dreißigjährigen Krieg gezeigten Neutralitätspolitik diplomatisch tätig zu sein und im günstigsten Falle sogar wirtschaftliche und politische Vorteile daraus zu ziehen. Aber die herrschende Schicht der Schweiz war nicht fähig, die Chance zu nützen. Sie fühlte sich zu stark mit dem gestürzten Adel Frankreichs verbunden und begegnete der Revolution mit Haß.

Revolutionäre Stimmen im eigenen Lande wurden unterdrückt, die schweizerischen Aufklärer selber predigten revolutionäre Ideale, statt der Schweiz Wege zu realistischen

FREIBURGER HUSAREN 1811
vor Estavayer

Zur Ausrüstung der Husaren gehörte die kleine Patronentasche oder Giberne, die auf dem Rücken getragen wurde. Ein weiteres Charakteristikum bildete die Säbeltasche mit den Initialen der Stadt, die als Kuriertasche diente. Als Bewaffnung erhielt der Husar einen gekrümmten Säbel, zwei Reiterpistolen oder einen kurzen Karabiner.

FREIBURGER «JÄGER ZU PFERD» 1832
vor dem Stadttor in Freiburg

Die bunte Vielfalt der kantonalen Uniformen und Ausrüstungen zwang die Tagsatzung zur Vereinheitlichung der Bekleidung. Das Eidgenössische Militärreglement vom 20. August 1817 bestimmte für die Kavallerie: Die Uniform soll aus grünem Tuch mit karminroten Kragen, Aufschlägen und Einfassungen sein. Das «vert dragon» blieb dann auch die Truppenfarbe der Kavallerie bis zum Ersten Weltkrieg.

Standpunkten zu weisen. Man war diplomatisch nicht in der Lage, die beiden Lager gegeneinander auszuspielen und vernachlässigte die Rüstung. Überdies wälzte man seit Jahrzehnten ungelöste innenpolitische Probleme vor sich her. Resignation und Gleichgültigkeit herrschten.

Diese Faktoren: das militärische Vakuum, das die Schweiz bot, die gefüllte Staatskasse, die zweifelhafte Rolle einiger revolutionär gesinnter Staatsmänner sowie die Befreiungsrufe der Waadtländer, führten schließlich 1798 zum französischen Entschluß einer Aktion gegen die Schweiz. Es war eine bescheidene Armee von 40000 Mann, die sich in Bewegung setzte. Nach der «Befreiung» der Waadt fielen Bern und innerhalb weniger Tage das ganze Schweizer Mittelland. Vereinzelten, zusammenhanglosen Widerstand gab es nur in den Waldstätten und im Wallis.

Trotz der Tapferkeit der Schweizer bei Neuenegg, Grauholz, Rothenthurm, Stans und beim Walde bei Finges war es ein kläglicher Zusammenbruch des einst stolzen Landes. Die Schweiz wurde anschließend zum Schlachtfeld Europas.

Beim Widerstand im Grauholz hatten sich auch Dragoner ausgezeichnet. Sie waren zuvor bei Neuenegg gegen die französischen Husaren im Kampf gestanden, bevor sie aufgelöst ins Grauholz zurückkamen, wo sie den überlegenen französischen Truppen den letzten tapferen Widerstand leisteten.

So schrecklich der Einmarsch der französischen Truppen im Jahre 1798 für die Alte Eidgenossenschaft, so groß die Leiden und

WAADTLÄNDER DRAGONER UM 1800
(DRAGONS DU LÉMAN)
vor dem Schloß Vufflens bei Morges

Die Truppen der Helvetischen Republik 1798–1803 teilten sich in die Legion, eine stehende Truppe und in die Elite als eine Reserve. Die Kavallerie bestand aus 300 – 500 Husaren und aus den Dragonern als Reserve. Besonders farbenprächtig waren ihre Uniformen, für die man die Farben der Helvetik, rot-gelb-grün, verwendete.

WAADTLÄNDER «JÄGER ZU PFERD» 1837

Dieselbe Funktion wie der Tambour bei der Infanterie hatte der Trompeter bei der Kavallerie. Er blies die zum Auf- und Absitzen oder zum Angriff bestimmten Signale. Seine Uniform war durch Litzen verziert oder in einer anderen Farbe gehalten.

NEUENBURGER EHRENGARDE ZU PFERD
1806–1814
vor dem Schloß Neuenburg

1806 übermachte Napoleon das Fürstentum Neuenburg seinem Marschall und Kriegsminister Bertier, dem er den Titel eines Fürsten verlieh. Die Stadt gründete eine Ehrengarde aus 40 Reitern, die ihre Pferde, Uniformen und Waffen selbst anschaffen mußten. Die Kompanie war nur für Ehrenwachen und Eskorten bestimmt. Der Standartenträger hält die Standarte mit dem Wappen der Stadt Neuenburg. Die Truppe wurde 1814 aufgelöst.

NEUENBURGER KAVALLERIE 1786
vor dem Schloß Colombier

Das Gebiet des heutigen Kantons Neuenburg war im 18. Jahrhundert ein Fürstentum und gehörte zum Königreich Preußen. Die Reitergruppe, bestehend aus Generalstabsoffizier und Kürassieren, war nach preußischem Vorbild uniformiert und trug als Brustpanzer den Küraß.

Wirren auch waren: Napoleon brachte doch neue Impulse in die militärische Reiterei.

Fünfzig Jahre zuvor hatte der Preußenkönig Friedrich der Große die taktischen Möglichkeiten der Kavallerie erkannt und sie zu einer Elitetruppe umorganisiert. Seine größten Reiterführer waren Ziethen und Seydlitz. Neben ihnen verdient auch der aus der Schweiz stammende General Lentulus Erwähnung, der mit den Regimentern des Gardekorps in manche siegreiche Schlacht zog.

Zu jener Zeit begann man, reiterliche Waffengattungen zu unterscheiden. Die Dragoner waren zunächst berittene Infanteristen und wurden später eine Rückhalttruppe für die Kürassiere, die als erste in den Kampf zogen. Die Husaren wurden dagegen in erster Linie bei Streifzügen eingesetzt.

Nach einem erneuten Niedergang der Kavallerie gegen Ende des 18. Jahrhunderts wurde Napoleon ihr großer Wiedererwecker. Er gab der Reiterei neue Aufgaben in der Aufklärung, Verschleierung und Verfolgung.

Aber auch diese Wiederbelebung der Kavallerie hielt nicht lange an. In der Mitte des 19. Jahrhunderts wurde sie eine reine Exerzier- und Paradiertruppe. Lediglich der Krieg von 1870/71 brachte mit seinen Reiterattacken eine kurzlebige Renaissance.

In der Schweiz brachten die ersten Jahre nach dem Untergang der Alten Eidgenossenschaft – die sogenannte Helvetik – eine neue Ordnung in das Militärwesen der Eidgenossenschaft. Sie sollte als neu dekretierter Einheitsstaat auch ein Einheitsheer besitzen. Es wurden Standeslegionen aufgestellt, daneben gab es unzählige Freiwilligenkorps.

GENFER «JÄGER ZU PFERD» 1818
vor dem Hintergrund des Mont Salève

Der Hauptmann zu Pferd in «großer Uniform» trug den Tschako, eine konische Kopfbedeckung mit Silberborde, Horn und Federstutz. Die Frackschöße waren mit einer Reihe von silbernen Knöpfchen verziert. Der Leutnant in «Paradeuniform» war gleich gekleidet, trug aber rote Hosen mit silbernen Borden an der Seite.

GENFER «JÄGER ZU PFERD» 1840

Zwanzig Jahre später die gleiche Truppe mit der modernisierten Uniform und dem neuen zylindrischen Tschako mit rotem Roßhaarschweif und weißer Fangschnur, die verhinderte, daß die Kopfbedeckung beim Galopp verloren ging.

Am Genfersee entstanden die «Dragons du Léman», und Bern schuf eine Stadtlegion in weißen Uniformen, die später den Namen Chevauxlégers erhielt. Auch in Zürich wurde eine Stadtlegion mit einer Schwadron Kavallerie aufgestellt.

Am 27. März 1804 kam es zu einem Zürcher Reiterangriff, der auf einer Gedenkmünze der Zürcher Regierung verewigt wurde: In der Gegend des Knonauer Amtes hatte sich das durch Aushebungen und Steuermaßnahmen beunruhigte Zürcher Landvolk zusammengerottet. In Affoltern am Albis wurde eine Regierungsdelegation als Geisel festgehalten. Auf diese Nachricht hin sandte die Zürcher Regierung Oberleutnant Bodmer mit 24 freiwilligen Chevauxlégers aus. Aufgeteilt in drei Trupps, wurde bei Morgengrauen das Dorf angegriffen. Trotz heftigem Feuer der Dorfwachen konnten die rund 100 Aufständischen verjagt werden. Bilanz der Aktion: 300 erbeutete Gewehre, ein totes und zwei verwundete Pferde.

Bereits im Jahre 1799 war auch eine helvetische Legion aufgestellt worden. Sie bildete eine Hilfstruppe für das französische Heer und bestand aus 1500 Mann, darunter zwei Kompanien helvetischer Husaren zu je 95 Mann. Sie nahm an den Schweizer Feldzügen General André Massénas, des Kommandanten der Armee in Helvetien teil, litt aber unter Desertationen. Nach der Mediation von 1803 wurden die Reste dieser ersten und für immer letzten Schweizer Husaren, rund 70 Mann, den verschiedenen französischen Jäger- und Husarenregimentern zugeteilt.

Während der Mediationszeit – 1803 bis 1814, die eine Rückbildung zum alten Staatenbund brachte – wurde von der Tagsatzung im Jahre 1804 der Entwurf zum Schweizerischen Bundesverein angenommen. Die festgesetzte Truppenmacht von 15 203 Mann sollte in sieben Legionen eingeteilt werden. Verlangt wurden 350 Reiter, wobei leichte Kavallerie erwünscht war. Uniformen und Bezeichnungen blieben in den einzelnen Kantonen verschieden: Jäger zu Pferd und Dragoner dominierten. Aber in Luzern, Freiburg, St. Gallen, Aargau und Thurgau hießen die

SCHAFFHAUSER KAVALLERIE 1818–1846
vor dem Schloß Nidau bei Biel

Im Militärreglement von 1817 wurden die Grundzüge für das heutige System des Milizheeres geschaffen. Um die ungenügende Truppenausbildung zu verbessern, zog der eidgenössische Generalstab die Kontingente der Kantone in Übungslagern zu eidgenössischen Manövern zusammen. Als gemeinsames Erkennungszeichen trug man die eidgenössische Armbinde.

SCHAFFHAUSER DRAGONER 1804–1818
vor der Stadt Schaffhausen mit der Festung Munot

Dragoneroffizier, Wachtmeister und Dragoner tragen den Lederhelm, der mit Messingschild und Roßhaarschweif verziert war. Der Sattel, ein sogenannter Bocksattel, war mit einem weißen Schaffell bedeckt.

Reiter Husaren, und im Aargau gab es sogar Kosaken. Im Jahre 1814 erhielten die Aargauer Kosaken mit ihren langen Spießen Gelegenheit, sich bemerkbar zu machen, als der Aargau Freiwilligentruppen als Abwehr gegen territoriale Rückgabeforderungen Berns aufstellte. Allerdings, trotz Grenzdiensten von 1805, 1809, 1813 und 1815, erhielt die schweizerische Reiterei keine Gelegenheit zur Auszeichnung.

Nach der Mediationszeit, die mit ihrer föderalistischen Tendenz die schweizerische Aristokratie beruhigt und zur Mitarbeit gewonnen hatte, folgte 1814 die Zeit der Restauration. Der Wiener Kongress von 1815, dominiert von Fürst Metternich, bestätigte die Grenzen der Schweiz, deren Neutralität, die innere politische Ordnung und die Stellung der Schweiz im neugeordneten europäischen Staatengefüge.

In der Folge wurde am 20. April 1817 das Allgemeine Militärreglement für die Schweizerische Eidgenossenschaft beschlossen. Diese Wehrverfassung brachte einen bedeutenden Fortschritt in der Entwicklung des Wehrwesens und blieb im wesentlichen bis 1850 bestehen. Es war eine bis in alle Details ausgearbeitete Militärorganisation. Das alte Kontingentsystem blieb allerdings bestehen, es war aber vorgesehen, daß die in Friedenszeiten kantonalen Truppen im Mobilmachungsfall in eidgenössische Heereskörper eingeteilt werden könnten. Es wurde eine zentrale Militäraufsichtsbehörde geschaffen, bestehend aus dem Standeshaupt des jeweiligen Vororts (Hauptort des eidgenössischen Staatenbundes) und vier Obersten. Sie hatte die Aufsicht

Rechte Seite, Mitte und unten:

THURGAUER «JÄGER ZU PFERD» 1818
vor dem Schloß Hagenwil bei Amriswil

1817 wurde das freiwillige Reiterkorps aufgelöst und durch die «Jäger zu Pferd» ersetzt.

THURGAUER DRAGONER 1847

Der Dragoner-Feldweibel, gekennzeichnet mit zwei Silberborden über den Ärmelaufschlägen, verlangt Quartier für seine Truppen, während der Fourier Anweisungen von seinem Kommandanten erhält. Für den Sonderbundfeldzug 1847 stellte der Kanton Thurgau 130 Dragoner.

THURGAUER HUSAREN 1804–1817
vor der Ruine Neuburg bei Mammern

Das freiwillige Reiterkorps entstand 1804 und wurde von Johannes Hippenmeier von Gottlieben kommandiert, der seine Erfahrungen als Rittmeister in österreichischen Diensten sammelte. Jeder Reiter erhielt den Rang eines Unterleutnants, und es bestand die Vorschrift, daß das Freikorps nur für den Ordnungsdienst im Kantonsinnern verwendet werden durfte.

über die Ausbildung und Ausrüstung der kantonalen Kontingente.

Als gemeinsames Feldabzeichen trugen alle Truppen im eidgenössischen Dienst die Armbinde mit weißem Kreuz auf rotem Grund. Mit dieser Wehrverfassung bewiesen die eidgenössischen Stände ihren Willen zu einem einträchtigen Zusammenwirken für eine gemeinsame Aufgabe.

Das Militärreglement von 1817 setzte die Kavalleriekontingente nach langem Handeln mit 11½ Kompanien fest. Es war der Auftakt zu einem jahrelangen Kampf für die Förderung der Reiterwaffe. Man versuchte, die Notwendigkeit einer taktisch verwendbaren Reitertruppe nachzuweisen; die sich immer stärker bemerkbar machende Presse trug das Ihre bei.

Die Resultate waren das erste «Reglement für die Kavallerie» vom 13. August 1822 und – fünf Jahre später – die ersten Aufnahmen von Reitern in die Militärschule Thun.

Im Jahre 1844 legte der damalige Generalstabschef Dufour den ersten Plan zu einer Umorganisation der Kavallerie vor. Er sah 24 Dragoner- und Jäger-zu-Pferd-Kompanien von je 80 Mann vor. Dazu acht Guiden-Kompanien zu je 40 Mann für Generalstab und Stafettendienste.

Sieben Jahre zuvor, am 3. März 1834, hatten sich in der Kreuzstrasse in Oftringen Kavallerieoffiziere aus acht Kantonen versammelt. In einer Eingabe an die Eidgenössische Militäraufsichtsbehörde verlangten sie eine Vermehrung der Reiterei auf zwei Regimenter zu vier Schwadronen von je 180 Mann, also 1440 Berittene. Weiter forderten sie eine

DRAGONER DER FÜRSTABTEI ST. GALLEN
1790

FREIWILLIGE «JÄGER ZU PFERD» 1810
vor dem Schloß Werdenberg

Das sanktgallische Wehrwesen im 18. Jahrhundert setzte sich aus den Truppen der Fürstabtei und der Freien Stadt St. Gallen zusammen. Die dargestellte Reitergruppe, Offizier und 2 Dragoner, befindet sich auf einem Ritt durch das Toggenburg, das zu den Besitzungen des Klosters gehörte. Die Reiter tragen an der Kopfbedeckung, dem Dreispitz, die schwarz-gelbe Kokarde mit den Wappenfarben der Fürstabtei.

Die Miliz des neuen Kantons St. Gallen bestand seit 1803 aus der Freiwilligen Standeslegion. Sie enthielt 1 Jäger-Kompanie zu Pferd und zu Fuß, 1 Grenadier-Kompanie und die Artillerie.

einheitliche Rekrutenausbildung von 28 Tagen, Wiederholungskurse und dazu die Verpflichtung der Dragoner, ihr Dienstpferd während der ganzen Auszugszeit von acht Jahren zu behalten.

Im Februar 1839 kamen die Kavallerieoffiziere erneut zusammen. Zu ihren erweiterten Forderungen gehörte auch ein einheitliches deutsch-inspiriertes Kommando für die Schweizer Kavallerie, ein Antrag, dem auch die Waadtländer zustimmten!

Wenige Monate später konnten sich einige Zürcher Dragoner beim sogenannten Züriputsch auszeichnen, den sie unter dem Kommando des deutschen Majors Übel niederschlagen halfen.

Im Sonderbundkrieg rückten 1904 Reiter aus, mehrheitlich in der Tagsatzungsarmee unter General Dufour. Jeder Infanteriedivision wurden zwei Reiterkompanien zugeteilt. Eine Kompanie blieb beim Hauptquartier, eine in Genf als Besatzung, und aus neun Kompanien wurde eine Reservekavallerie gebildet. Abgesehen vom Angriff auf Freiburg, wo sie als Vorhut eingesetzt wurde, hatte die Kavallerie wenig Gelegenheit zur Auszeichnung. Trotzdem war man mit der Tätigkeit der Reiterei sehr zufrieden. Acht Dragoner unter Führung von Leutnant Weber konnten sogar Lorbeeren holen, als sie bei Hitzkirch achtzig Gegner entwaffneten.

Nach dem Sonderbundkrieg konnte Dufour, der erste der vier «Schweizer Generäle», formulieren: «Die Kavallerie, diese in der Schweiz lange vernachlässigte Waffe, hat gezeigt, daß sie wichtige Dienste zu leisten im-

BÜNDNER «JÄGER ZU PFERD» 1809
vor Madulein im Engadin

Der Kanton Graubünden stellte 1809 nur 16 Dragoner, die direkt dem Kommando des Kantonsobersten für Kurierdienste unterstanden. Sie mußten ihre Pferde und Uniformen selbst stellen, erhielten dafür aber die Waffen, Mäntel und Pferdeausrüstung aus dem Zeughaus.

stande ist. Die Reservekavallerie war wirklich nützlich.»

Die Erfahrungen des Sonderbundkrieges, nicht zuletzt die positiven Worte General Dufours, zeigten Ergebnisse. Dufour forderte die Schaffung von Guidenkompanien und eines Kavalleriestabes. Das Resultat dieser Bemühungen war die Militärorganisation der Schweizerischen Eidgenossenschaft von 1850.

Es gab damals, wie heute, drei Heeresklassen: den Bundesauszug (20. bis 34. Altersjahr), die Bundesreserve (bis 40. Altersjahr) und die Landwehr (bis 44. Altersjahr). Das Heer wurde in neun Armeedivisionen, eine Kavallerie-, eine Befestigungs- und eine Ar-

tilleriereserve sowie in drei Infanteriebrigaden eingeteilt. Jede Division bestand aus dem Stab, einer Guidenkompanie, drei Infanteriebrigaden, einer Scharfschützenbrigade, einer Schwadron Dragoner zu je drei Kompanien, einer Artilleriebrigade, einer Sappeurkompanie und vier Ambulanzen. Totalbestand einer Division: etwa 15 660 Mann, 568 Reit- und 854 Zugpferde, sowie 24 Geschütze. Die oberste Behörde war der Bundesrat, dem unter anderem auch ein Oberst der Kavallerie unterstellt war. Im Jahre 1853 wurde eine durchgehende, bleibende Numerierung eingeführt.

Die Militärorganisation von 1850 schuf eine Kavallerie von zweiundzwanzig Drago-

Die Eidgenössische Armee 1852–1869

«Kantönligeist» war mit wenigen Ausnahmen das Kennzeichen der Jahre 1803–1848, bis nach dem Sonderbundskrieg mit der Bundesverfassung 1848 eine einheitliche Armee in gleicher Uniform und Bewaffnung entstand. Die Kavallerie wurde in 22 ganze Dragoner- und 9 halbe Guiden-Kompanien eingeteilt. Sie trug einheitlich den schwarzen Lederhelm mit schwarzer Bärenfellraupe für die Dragoner und gelbem Schaffell für die Guiden.
Die drei Reproduktionen sind handkolorierte Lithografien der eidgenössischen Ordonnanz 1861 von Charles-Eugène und G. Perron aus der Sammlung des Schweizerischen Landesmuseums.

Infanterie, Bataillonskommandant 1861

Nicht nur die Kavallerie, sondern auch die Artillerie/Train und höhere Offiziere der anderen Truppengattungen waren beritten.

nerkompanien im Auszug und dreizehn der Reserve, siebeneinhalb Guidenkompanien im Auszug und acht in der Reserve.

Eine Dragonerkompanie zählte 77 Mann, die der Guiden 32 Mann: Totalbestand der Schweizer Kavallerie im Jahre 1850 somit 3026 Mann. Eine Schwadron, kommandiert von einem Hauptmann, bestand aus zwei Kompanien und hatte ihre eigene Standarte.

Jeder Division war je eine Dragoner- und Guidenkompanie zugeteilt, der Rest blieb in Reserve. Alljährlich gab es Wiederholungskurse. Allerdings: Rekrutierung und Stellung der Remonten blieb Sache der Kantone, wobei für die requirierten Pferde Entschädigungen entrichtet wurden.

Die Kavallerierekrutenschule dauerte ursprünglich fünf Wochen und wurde dann auf sechs Wochen verlängert, dies im Gegensatz zu vier Wochen bei den Füsilieren und fünf Wochen bei den Jägern. Die jährlichen Wiederholungskurse dauerten sieben Tage.

In jene Zeit fallen die Gründungen der großen Kavallerieverbände des Landes, des Ostschweizerischen Kavallerievereins (OKV) und des Zentralschweizerischen Kavallerievereins (ZKV).

Alle diese Bemühungen vermochten aber nicht eine eidgenössische Armee zu schaffen, die nach schneller Mobilisation und in größeren Verbänden geübt, zu kräftigen Aktionen fähig war. Bei der Kavallerie gab es zusätzlich Probleme der Pferdestellung. Immer noch war der Kavallerist verpflichtet, selber ein diensttaugliches Pferd zu stellen und dieses während der ganzen Dienstzeit reittauglich zu halten.

Die Folge dieser wirtschaftlichen Belastung war, daß die Zahl der Stellungswilligen für die Kavallerie immer mehr zurückging. Selbst massive, finanzielle Zuwendungen während der ganzen Auszugszeit konnten nicht verhindern, daß um 1860 praktisch alle Reiterkompanien ihren Sollbestand unterschritten. Auch noch schönere Uniformen halfen nichts.

1870 brach der Deutsch-Französische Krieg aus. Hans Herzog wurde als General

STABSOFFIZIER AUBERT,
EIDGENÖSSISCHER OBERST 1861

DRAGONER, UNTEROFFIZIER
1861–1868

Die erste eidgenössische Uniform von 1852 wurde 1861 nach französischem Vorbild modernisiert.

der Schweizer Armee gewählt. Er wies schonungslos auf die mißlichen Umstände hin. Nach dem Grenzübertritt der französischen Bourbaki-Armee im Jahre 1871 erkannte die Schweizer Bevölkerung, welche Gefahren ihr Land bedroht hatten und wie nötig es war, eine Armee zu haben, die durch ihre Kriegstüchtigkeit die Garantie dafür bot, daß kein Feind ungestraft die Landesgrenzen überschreite.

Aus diesen Überlegungen heraus entstand die Militärorganisation von 1874. Sie brachte den endgültigen Übergang vom Kontingents- zum Bundesheer und wesentliche Verbesserungen auch für die Kavallerie.

39

Ein Jahrhundert Kavallerie

EIDGENÖSSISCHE KAVALLERIE
1883–1915

Aquarelle von Wilhelm Stückelberger aus Basel, im Besitz der Eidgenössischen Militärbibliothek in Bern. Im Gegensatz zum weiten Schnitt der Uniform von 1861 nach französischem Muster übernahm man 1883 für die Kavallerie den engen Schnitt nach preußischer Vorlage.

Oben links: Kavallerie-Oberst in moosgrüner Uniform mit karmesinrotem Kragen. Auf dem Käppi ein grüner Hahnen-Federbusch, das Kennzeichen des Oberinstruktors.

Oben rechts: Dragoner-Wachtmeister, Standartenträger. Jede Schwadron besaß eine eigene Standarte mit dem eidgenössischen Kreuz im roten Feld, die bis 1973 in Gebrauch war.

Unten links: Dragoner-Leutnant mit gezogenem Säbel.

Unten rechts: Guiden-Fourier. Die Guiden unterschieden sich von den Dragonern durch den weißen Haarpinsel und der eidgenössischen Kokarde am Käppi.

Im Jahr 1948 gab Oberstkorpskommandant de Montmollin, damals Generalstabschef, dieses lapidare Urteil ab: «Die Schweizer Kavallerie? Nützlich – gewiß. Unentbehrlich – nein!» Mit diesem Ausspruch sah ich mich im selben Jahr konfrontiert, als ich zum Waffenchef der Mechanisierten und Leichten Truppen ernannt wurde. Es handelte sich darum, den für Aufrechterhaltung oder Abschaffung verantwortlichen Instanzen gegenüber offen darzulegen, ob unsere Kavallerie noch immer eine nützliche oder sogar unersetzliche Rolle auf den Schlachtfeldern von Heute und Morgen spielen könnte. Nach neun Jahren systematischer Arbeit konnte ich antworten (und würde es heute noch tun):

NEIN, wenn man ihr Aufträge anvertraut, die andere Truppengattungen – motorisierte oder mechanisierte – besser zu erfüllen imstande sind, wenn es sich darum handelt, in relativ größeren Räumen und mit großer Feuerkraft zu operieren;

NEIN, wenn man sie in ausgedehnten Ebenen ohne Deckungsmöglichkeiten einsetzen muss, wie jene in Belgien oder in Norddeutschland.

NEIN, ebenfalls, wenn die Pferde wiederholten und schnellen Anstrengungen nicht gewachsen sind und sie unter härtesten Bedingungen zu jeder Jahreszeit nicht zu existieren vermögen. Schließlich ein Nein auch, wenn sie nicht mit einem Minimum an Bewaffnung dotiert und nicht für den modernen Kampf ausgerüstet ist.

JA hingegen, wenn sie, zur Unterstützung der Infanterie, unabhängig von Straßen operiert, in einem Gelände, das ihr ein rasches Fortbewegen (ohne Brennstoff-Nachschub!) von Deckung zu Deckung erlaubt und wo ihr Aufgaben wie Flankensicherung, Überraschungsangriffe oder die Aufklärung in Räumen von 30 bis 40 km Tiefe überantwortet werden können.

Unsere Kavallerie ist imstande – und sie war es zum Zeitpunkt der Abschaffung – derartige Aufträge zu erfüllen, weil sie, im Gegensatz zur Vorkriegszeit, mit leichten, kräftigen, schnellen und ausdauernden Pferden von höherem Blutgrad remontiert wurde. Ihre Ausbildung war der notwendigen Fortentwicklung in bemerkenswerter Weise gefolgt.

PIERRE DE MURALT

Das Bundesheer
(1874–1973)

Das Jahr 1874 war das Geburtsjahr der Schweizer Armee. Die Militärorganisation von 1874 brachte nicht nur eine wesentliche Verstärkung der eidgenössischen Armee, sie brachte auch eine Vereinfachung und vor allem den Übergang zum Bundesheer. Die Stellung und Ausrüstung der Truppe war nun nicht mehr Sache der Kantone, sondern des Bundes. Die allgemeine Wehrpflicht erlaubte die Heranziehung aller Waffenfähigen zum Dienst.

Als Folge der aufrüttelnden Erfahrungen aus der Zeit der Mobilmachung unter General Herzog im Deutsch-Französischen Krieg von 1870/71 beschäftigten sich nicht nur die Militärs, sondern auch weite Kreise der Bevölkerung mit der Aufgabe, die Schweizer Armee wehrtüchtiger zu machen. Nicht zuletzt die Kavallerievereine stellten sich in die vorderste Front, um den Wehrwillen und die Kriegstüchtigkeit zu fördern.

Anstelle der bisherigen 22 Dragoner- und 8 Guiden-Kompanien traten 24 Schwadronen Dragoner und 12 Kompanien Guiden, die Dragoner-Schwadronen zu 124 Mann, die Guiden-Kompanien zu 43 Mann, insgesamt 3500 Mann.

Die acht Kavallerieregimenter führten je eine Standarte und waren den acht Divisionen zugeteilt. Von den 12 Guiden-Kompanien waren acht den Divisionsstäben zugeteilt und vier standen unter dem direkten Befehl des Oberbefehlshabers. Die Dragoner-Schwadronen waren kantonal, die Guiden-Kompanien eidgenössisch.

Die im Jahre 1874 festgelegte eidgenössische Reitertruppe von 3500 Mann wurde um die Jahrhundertwende in zwei Etappen durch die Schaffung von berittenen Mitrailleuren auf einen Höchststand von 6600 Mann gebracht.

Die 24 Dragoner-Schwadronen wurden 1896 in vier Kavallerie-Brigaden zu je zwei Regimentern mit je drei Schwadronen umgewandelt, wobei nun je eine Brigade über eine berittene Mitrailleur-Kompanie mit je acht Maschinengewehren verfügte.

Im Jahre 1907 wurde vom Schweizervolk eine neue Militärorganisation angenommen. Sie brachte die Verlängerung der Kavallerie-Rekrutenschule auf 91 Tage, verkürzte aber die Dienstpflicht in der Landwehr von 14 auf 10 Jahre. Ab 1912 wurde auf Grund der neuen Truppenordnung mit einer Reorganisation der Armee begonnen. Für die Kavallerie brachte sie eine Verstärkung der Mitrailleure und eine Unterstellung aller Guiden unter die damals gebildeten sechs Divisionen.

In den ersten Jahrzehnten nach 1874 beschränkte sich die Gefechtsausbildung der Dragoner fast ausschließlich auf den Kampf zu Pferd. Erst das vom späteren General Wille ausgearbeitete und mit eiserner Faust durchgesetzte Kavallerie-Reglement von 1894 ließ die Dragoner wieder absteigen. Man übte nun einerseits das Gefecht zu Fuß, andrerseits die Reiterattacke in losen Formationen. In den jährlichen Manövern begann man auch damit, den Einsatz der Kavallerie in größeren Verbänden zu erproben.

Die ausländischen Kriegserfahrungen im Ersten Weltkrieg bestätigten die Richtigkeit dieses Kurswechsels. Die Erkenntnis wurde durch die Bildung der berittenen Mitrailleure und deren Angliederung an die Kavallerie unterstrichen.

Die Truppenordnung von 1925 brachte der Kavallerie einen ersten Abbau: je ein Viertel der 24 Dragoner-Schwadronen und der acht Mitrailleur-Schwadronen wurden abgebaut und die Guiden in Dragoner umgewandelt. Sie wurden als Divisionstruppe den Divisionen zugeteilt. Die 18 Dragoner-Schwadronen bildeten sechs Kavallerie-Regimenter, diese wiederum drei Kavallerie-Brigaden.

Jede Kavallerie-Brigade erhielt eine Radfahrer-Abteilung. Dies war der erste entscheidende Schritt auf dem Weg zur Bildung gemischter Verbände, der Leichten Truppen, die dann im Jahre 1936 Wirklichkeit wurden.

Mitte der zwanziger Jahre war die Kavallerie endgültig zur berittenen Infanterie geworden. Um die Ausbildung der Kavalleristen im Kampf zu Fuß machten sich vor allem die Waffenchefs Guillaume Favre und Alphons Schué verdient. Sie gründeten ihr neues Konzept auf der Erkenntnis, daß der Kavallerie-Gefechtseinsatz in der Verbindung von Bewegung zu Pferd und Kampf zu Fuß liege.

Mit dieser Entwicklung folgte die Schweizer Armee einem Trend, der in der ganzen Welt sichtbar wurde: überall entstanden in

Dragoner-Unteroffiziers-Patrouille 1914 bei Rheinfelden.

den späten zwanziger und dreißiger Jahren motorisierte, mechanisierte und gepanzerte Verbände, die leicht und schnell sein mußten. Die Kavallerie verlor einen Teil ihrer Aufgaben: Flugzeuge übernahmen die Fernaufklärung, die Motorfahrzeuge waren schneller. Zum Teil noch vor dem Zweiten Weltkrieg wurde in verschiedenen ausländischen Armeen das Pferd durch Panzer oder Helikopter ersetzt.

In der Schweiz suchte man die Lösung in gemischten Verbänden, wie man bereits 1925 mit den Radfahrern den Anfang gemacht hatte. 1936 schuf man auch nominell die Leichten Truppen. Sie umfaßten die Dragoner als Stammwaffe, Radfahrer, Motorradfahrer, Panzerwagenfahrer und motorisierte Kanoniere. Die Mitrailleur-Schwadronen wurden aufgelöst.

Im Zweiten Weltkrieg wurden zweimal größere Verbände geschaffen: 1940 wurden die Leichten Brigaden 1 und 2 und die Aufklärungsabteilung 5 zu einer Leichten Division zusammengefaßt, und gegen Ende des Aktivdienstes wurde eine aus drei Regimentern mit je sechs Schwadronen bestehende Kavallerie-Brigade gebildet.

General Henri Guisan, der Oberkommandierende der Schweizer Armee im Zweiten Weltkrieg, hielt es in seinem Abschlußbericht für falsch, so verschiedene Elemente wie Dragoner, Radfahrer und motorisierte Truppen unter dem gleichen Kommando zu vereinigen. Gleichzeitig gab der General seiner Überzeugung Ausdruck, daß die Dragoner in unserem Gelände ihre Bedeutung nicht verloren hätten.

So entstand die Truppenordnung von 1951, nach der die berittenen Einheiten aus den Leichten Brigaden herausgenommen wurden. Allerdings wurden die 30 Schwadronen auf 24 reduziert und den damaligen acht Felddivisionen unterstellt.

Bevor es soweit war, kam es 1947 zur ersten großen Auseinandersetzung um die Erhaltung der Kavallerie. 158000 Schweizer Bürger hatten in jenem Jahr die «Petition für das Pferd» unterzeichnet. Vier Jahre später war der Kampf wenigstens teilweise gewonnen. Das Parlament entsprach, wenn auch nur mit knappen Mehrheiten, dem Volkswillen, die Kavallerie blieb erhalten, wurde aber um ein Fünftel reduziert.

Immerhin: die Truppenordnung hielt deutlich fest, «daß sich die 24 verbleibenden Schwadronen dank ihrer Beweglichkeit zu überraschendem Einsatz in Räumen eigneten, wo auf Fahrzeugen transportierte Truppen nicht mehr durchkommen, also vor allem in waldigem und durchschnittenem Gelände.»

Die Ruhe um die Kavallerie dauerte nicht einmal 10 Jahre. In seiner Botschaft zur Neuorganisation der Armee im Dezember 1959 beantragte der Bundesrat die Abschaffung der Kavallerie. Es war ein Schock für alle Kavalleristen, allerdings ein im Endeffekt heilsamer. Denn alle mit dem Pferd verbundenen Kreise erkannten die Erhaltung der Kavallerie als gemeinsames Ziel und arbeiteten nun eng zusammen.

Der Kampf war erfolgreich: die Kavallerie wurde nicht abgeschafft, aber die Zahl der Schwadronen erneut um ein Viertel gekürzt.

Die verbleibenden 18 Dragoner-Schwadronen (3 Dragoner-Regimenter zu 2 Dragoner-Abteilungen mit drei Schwadronen) zählten insgesamt 3462 Mann. Man war also, nach einem Höhenflug in den Jahren 1916–1925, wieder auf dem Bestand von 1874 angelangt. Die drei Dragoner-Regimenter wurden den Feldarmee-Korps 1, 2 und 4 unterstellt. Dies war ein umstrittener Beschluß, denn die guten Erfahrungen aus der Aktivzeit, als die Dragoner-Abteilungen direkt in die Divisionen eingeteilt waren, wurden nicht beachtet.

Die Freude der Kavalleristen an ihrem Sieg im Parlament von Ende 1960 – 93 zu 13 im Nationalrat und 37 zu 0 im Ständerat – dauerte nur einige Jahre. Bereits Mitte der sechziger Jahre wurde der Kampf der Kavalleriegegner erneut mit parlamentarischen Vorstößen aufgenommen. Als es in den Jahren 1969 und 1970 ernster wurde, entschloß man sich, durch eine große Demonstration einer Schwadron des Kavallerieregiments 1, dem Chef des EMD sowie den Militärkommissionen des National- und Ständerates die Existenzberechtigung der Kavallerie zu dokumentieren.

Dennoch verdichtete sich gegen Ende 1971 die Gewißheit, daß im Rahmen einer Neugestaltung der Mechanisierten und Leichten Truppen (MLT) die Kavalleriefrage endgültig gelöst werden sollte. Am 23. März 1972

Erinnerungsfoto des Kavallerievereins Zürich und Umgebung aus dem Jahre 1895. In dieser Fotomontage werden die verschiedenen Zweige und Abteilungen der Kavallerie von 1875–1895 in ihrer Funktion gezeigt. Die Teile der Aufnahme entstanden auf der Zürcher Allmend.

veröffentlichte der Bundesrat seine Botschaft über die Neugestaltung der MLT, die in der vollständigen Auflösung der Kavallerie gipfelte. Unterstützt wurde die Neugestaltung von der Militärdirektoren-Konferenz der Kantone.

Vier Tage nach der Veröffentlichung der bundesrätlichen Botschaft lancierten die Kavallerieverbände die «Petition für die Erhaltung des Pferdes in der Armee». Ihr Ziel war, innerhalb eines Monats 200 000 Unterschriften zu sammeln. Am 10. Mai 1972 wurde der Bundeskanzlei in Bern durch einen Viererzug und 300 Berittene mit sämtlichen Kavallerie-Vereinsstandarten 432 430 Unterschriften abgeliefert.

Im Sommer 1972 führte die Presse eine leidenschaftliche Kontroverse über das Pro und Kontra der Kavallerie, wobei die Presse, im Gegensatz zu 1947, mehrheitlich auf der Seite der Gegner stand. Im September wurde ein Kompromiß vorgelegt: Beibehaltung der Kavallerie, aber Reduktion um ein weiteres Drittel von 18 auf 12 Schwadronen.

Dieser Kompromiß passierte den Nationalrat mit 120 zu 41 Stimmen. Im Ständerat dagegen verlor ein anderer Kompromiß, der nur noch 9 Schwadronen vorsah, mit 26 zu 15 Stimmen. In der Differenzbereinigung folgte der Nationalrat am 5. Dezember 1972 dem Ständerat. Mit 91 zu 71 Stimmen wurde die Abschaffung der Kavallerie beschlossen. Wenige Tage später kam die Ankündigung vom EMD, die nächste Kavallerie-Rekrutenschule würde nicht mehr durchgeführt – die Dragoner erhielten ihr Aufgebot für die Umschulung auf Panzer.

Die Entwicklung der Kavallerie-Kopfbedeckung seit dem 17. Jahrhundert

Die hier abgebildeten Kopfbedeckungen und Uniformen sind Bestandteil der Sammlung des Schweizerischen Landesmuseums in Zürich. Aus der großen Vielfalt konnte nur eine Auswahl getroffen werden.

Ausrüstung eines Zürcher Dragoners (Kürassier), 17. Jh., mit Lederkoller und geschmiedetem Bruststück, darüber zwei gekreuzte Bandeliere. Am unteren waren die Pulverladungen angebracht, das obere diente zur Befestigung des Radschloßkarabiners. ▶

Zischägge (Reiterhelm) eines Dragoner-Offiziers, 17. Jh.

Berittener Jäger-Offizier, Ord. 1818, Zürich. Anstelle der Contre-Epaulette trug die Kavallerie die Aiguilette, ein kleeblattförmiges «Geschlinge» mit geflochtenen Achselschnüren. Aus der Aiguillette entwickelte sich die Fangschnur, an welcher die Kopfbedeckung befestigt wurde. Für die Kopfbedeckungen der Ord. 1861 und 1868/69 wurden solche Fangschnüre verwendet.

Tschako eines berittenen Jägers, Kt. Graubünden, um 1820.

Quartiermütze eines berittenen Jägers, Neuenburg, um 1830.

Raupenhelm eines Zürcher Dragoner-Offiziers, 1837.

Raupenhelm eines berittenen Jägers, Kt. Schaffhausen, um 1840.

Raupenhelm (schwarzes Bärenfell) eines Dragoner-Offiziers, eidg. Ord. 1852–68.

Raupenhelm (karmesinrote Wolle) eines Kavallerie-Trompeters, eidg. Ord. 1852–68.

Raupenhelm (gelbe Schafwolle) eines Guiden-Offiziers eidg. Ord. 1852–61.

Niederer konischer Tschako mit Fangschnur eines Guiden, eidg. Ord. 1861.

Käppi eines Dragoners, eidg. Ord. 1883.

Quartiermütze eines Kavallerie-Offiziers, eidg. Ord. 1898.

Feldmütze eines Kavallerie-Leutnants, eidg. Ord. 1898.

Quartiermütze eines Kavalleristen, eidg. Ord. 1898.

Käppi eines Dragoner-Offiziers mit Tarnbezug, um 1914.

Dreispitz eines Kavallerie-Offiziers, 18. Jh.

Flügelmütze (Mirliton) eines berittenen Jägers der Helvetischen Republik, 1798–1803.

Tschako eines berittenen Jägers, Zürich, 1818.

Raupenhelm (karmesinrote Wolle) eines Kavallerie-Trompeters, Kt. Thurgau, 1842.

Raupenhelm eines Thurgauer Dragoners, 1842.

Tschako eines Chasseur à cheval, Kt. Waadt, 1840–50.

Käppi eines Dragoner-Offiziers, Kt. Zürich, eidg. Ord. 1868/69, (Guiden trugen den weißen Roßhaarbusch).

Quartiermütze eines Dragoners, eidg. Ord. 1868/69.

Feldmütze eines Kavallerie-Obersten, eidg. Ord. 1875.

Käppi eines Guiden-Offiziers, eidg. Ord. 1883.

Grün gespritzter Stahlhelm, eidg. Ord. 1917/18.

Feldmütze eines Kavallerie-Hauptmanns, eidg. Ord. 1915.

Policemütze eines Kavallerie-Soldaten, eidg. Ord. 1915.

Schwarz gespritzter Stahlhelm, eidg. Ord. 1918–41.

Abzeichen der Truppengattungen und Dienstzweige der Kavallerie

Diese Übersicht über die drei wichtigsten Zeiträume seit 1898 wurde mit Unterstützung des Schweizerischen Landesmuseums Zürich erarbeitet. Sie enthält bewußt nur eine Auswahl von Beispielen, welche die Kavallerie direkt betreffen.

Einige Kavallerie-Epauletten und Achselschuppen des 19. Jahrhunderts bis zum Ersten Weltkrieg. Mit der feldgrauen Uniform wurden die Achselschuppen, Achselstücke und Epauletten abgeschafft.

1883–1915

Die Farbe des Waffenrockes bei der Kavallerie war in diesem Zeitraum bei der Mannschaft dunkel- und bei den Offizieren moosgrün. Der Kragen und die Vorstöße (Passepoil) waren karmesinrot. Die Gradabzeichen auf dem Waffenrock vom Gefreiten bis zum Korporal bestanden aus weißen Wollborden, diejenigen vom Wachtmeister bis zum Adjutant-Unteroffizier aus Silbertressen. Die Offiziere trugen die Rangabzeichen an Mütze, Achselklappen und Epauletten.

1916–1949

Mit der Einführung der feldgrauen Uniform änderte auch die Farbe der Waffengattung. Sie wurde Gelb bei den Kragenspiegeln und Ärmelpatten. Die Gradabzeichen für die Offiziere und Unteroffiziere, die Spezialistenabzeichen und Auszeichnungen wurden teilweise abgeändert und erweitert.

1949–1973

Mit der Einführung des Umlege- und Reverskragens wurden die Waffengattungsabzeichen auf den Kragen aufgenäht (Kragenspiegel). Die Unteroffiziersabzeichen wurden modernisiert und für den Dienstgrad einheitlich die Goldtresse und Goldlitze – am Waffenrock und an der Feldmütze – eingeführt. Die Spezialistenabzeichen trug man ab 1949 am Oberarm in Form eines Wappens, die neuen Auszeichnungen aus Metall über der linken Brusttasche.

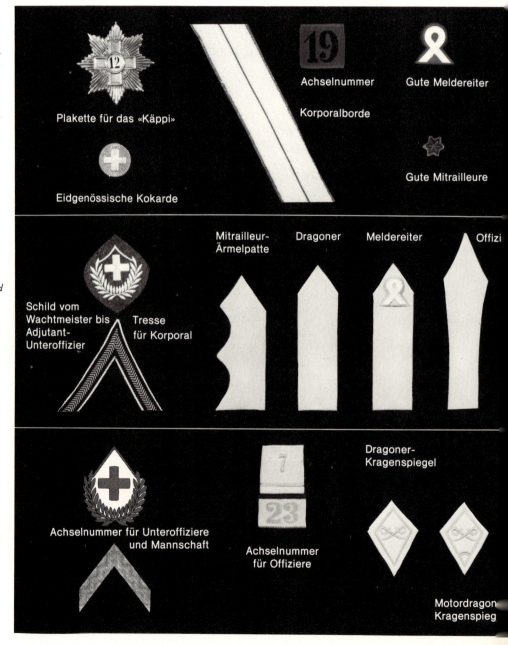

Silberne Epaulette eines Kavallerie-Offiziers (Hauptmann), 1. Hälfte 19. Jh.

Achselschuppe (Messing) eines Jägers zu Pferd, um 1830.

Achselschuppe (Messing vergoldet) eines Offiziers der Jäger zu Pferd, Ord. 1837, Zürich.

Achselschuppe eines Dragoners, eidg. Ord. 1842–1868.

Achselbriden eines Guiden-Leutnants, eidg. Ord. 1868.

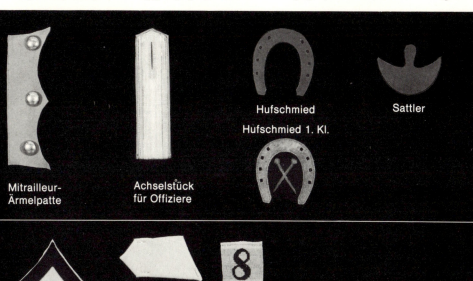

Achselschuppe für Mannschaft und Unteroffiziere, Ord. 1883–1915.

Epaulette für Subaltern-Offiziere (Leutnant), Ord. 1883–1915.

Epaulette für Stabsoffiziere (Oberstleutnant), eidg. Ord. 1883–1915.

Stiefel und Sporen

Die hier gezeigten Beispiele sind Bestandteil der Sammlung des Schweizerischen Landesmuseums in Zürich.

Bis zur Einführung der eidg. Ordonnanz 1852 mußten die Stiefel vom Kavalleristen persönlich angeschafft werden. Sie waren Privateigentum und wurden auch für den privaten Gebrauch verwendet. Dies ist auch der Grund dafür, daß kaum Originale erhalten geblieben sind.

Um dennoch eine Einheitlichkeit zu erreichen, verstärkte man die Hosen am Saum mit Ledermanschetten, und 1861 wurde die Stiefelhose nach französischem Vorbild entwickelt, unter der man normales Schuhwerk tragen konnte. Der Stiefel wurde vorgetäuscht, indem man das Leder für den Stiefelschaft direkt auf die Hose nähte. Sie verschwand wieder in den siebziger Jahren des letzten Jahrhunderts.

Säbeltasche (Meldetasche) eines Fribourger Husaren, 1804–1815.

Reiterstiefel (Stulpenstiefel) mit Originalsporen eines Offiziers, Mitte 17. Jh.

Stiefelhose eines Kavallerie-Offiziers, Ord. 1861

Dragonerstiefel mit Sporen, getragen im 1. und 2. Weltkrieg. ▶

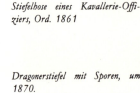

Dragonerstiefel mit Sporen, um 1870.

Offiziersstiefel mit Sporen, getragen im 2. Weltkrieg bis heute.

Eisensporen, radial geformt, mit geradem Radträger, um 1820.

Eisensporen, Radträger stark nach oben geschweift, um 1830.

Messingsporen des Obersten Spyri, um 1850.

Geschwärzte Eisensporen für Dragoner, Radträger leicht nach oben gebogen, um 1850.

Eisensporen vernickelt, radial geformt mit Lederriemen und Schnallen zum Befestigen, um 1870.

Stahlsporen verchromt für Offiziere, um 1900.

Eisensporen vernickelt, Radträger stark nach oben geschweift, um 1920.

Reitzeug

Die hier gezeigten Beispiele aus der Entwicklung des Reitzeugs sind Bestandteile der Sammlung des Alten Zeughauses in Solothurn und des Schweizerischen Landesmuseums in Zürich.

Bocksattel mit Schabracke und Mantelsack für Kavallerie und Artillerie, eidg. Ord. 1852. Die dunkelgrüne Schabracke der Mannschaft war mit einem karmesinroten Wollband eingefaßt.

Oben: Sattel mit Schabracke, Perkussionspistole mit Lederfutteral und Mantelsack eines Dragoner-Offiziers, um 1840. Die Schabracke war dunkelgrün wie die Uniform, mit karmesinrotem Vorstoß eingefaßt und mit einer breiten Silbertresse verziert.

Sattel mit Pistolenfutteral und Packtasche eines Offiziers, eidg. Ord. 1874.

Sattel der eidg. Kavallerie, Ord. 1895, mit Packtasche und Karabinerfutteral. Zeichnung der technischen Abteilung (Eidg. Kriegsmaterialverwaltung).

Sattel mit Pistolenfutteral eines Offiziers, um 1900.

Die Kavallerie-Waffe

Die persönliche Bewaffnung des schweizerischen Kavalleristen war von derjenigen des Infanteristen wenig verschieden. Die berittene Truppe war mehr für den Fußkampf denn für die Attacke vorgesehen. Das Pferd diente vorwiegend für die schnelle Verschiebung. Für den Kampf aus dem Sattel besaß der Dragoner neben dem Säbel zwei Pistolen. Im Fußkampf bediente er sich des Karabiners.

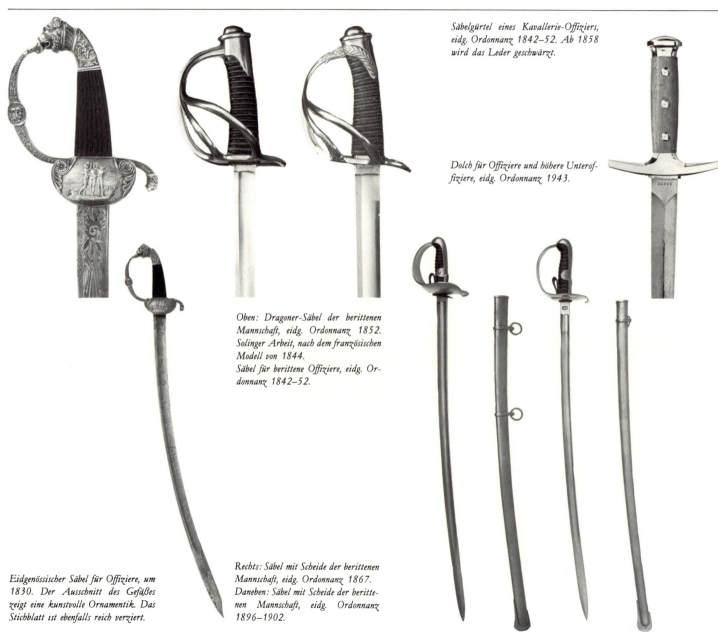

Säbelgürtel eines Kavallerie-Offiziers, eidg. Ordonnanz 1842–52. Ab 1858 wird das Leder geschwärzt.

Dolch für Offiziere und höhere Unteroffiziere, eidg. Ordonnanz 1943.

Oben: Dragoner-Säbel der berittenen Mannschaft, eidg. Ordonnanz 1852. Solinger Arbeit, nach dem französischen Modell von 1844.
Säbel für berittene Offiziere, eidg. Ordonnanz 1842–52.

Eidgenössischer Säbel für Offiziere, um 1830. Der Ausschnitt des Gefäßes zeigt eine kunstvolle Ornamentik. Das Stichblatt ist ebenfalls reich verziert.

Rechts: Säbel mit Scheide der berittenen Mannschaft, eidg. Ordonnanz 1867. Daneben: Säbel mit Scheide der berittenen Mannschaft, eidg. Ordonnanz 1896–1902.

*Patronentaschen (Gibernen). Von links nach rechts: Kavallerie-Patronentasche für Soldaten und Unteroffiziere, Ordonnanz 1852. Ab 1861 werden die Bandouliere geschwärzt.
Giberne eines Zürcher Kavallerie-Offiziers, Ordonnanz 1837.
Giberne eines Dragoner-Unteroffiziers von Zürich, um 1820.*

Kavallerie-Pistole, Modell 1817

Kavallerie-Pistole, Modell 1817–42

Kavallerie-Pistole, Modell 1842

Revolver, Modell 1878

Pistole, Modell 06

SIG-Pistole, Kaliber 9 mm, Modell 1949

Schweizerischer Kavallerie-Repetierkarabiner, Modell 1871, von Friedrich Vetterli (Kaliber 10,5 mm, Länge 930 mm)

Mannlicher Kavallerie-Karabiner, Modell 1893 (Kaliber 7,5 mm, Länge 1018 mm)

Kavallerie-Karabiner, Modell 1905 (Kaliber 7,5 mm, Länge 1070 mm)

Karabiner, Modell 1931, mit Säbelbajonett Modell 14 und Dolch Modell 18 (Kaliber 7,5 mm, Länge 1105 mm)

Sturmgewehr, Modell 57 (Kaliber 7,5 mm, Länge 1100 mm)

Der Eidgenoss

Der Eidgenoss, in der Westschweiz «Le Fédéral», war das Dienstpferd des Schweizer Dragoners. Die Herkunft dieser volkstümlichen Bezeichnung ist nie geklärt worden. Der Name mag entstanden sein, weil das Bundespferd auch dann Eigentum der Eidgenossenschaft blieb, nachdem es der Dragoner übernommen hatte. Bei der Steigerung zahlte der Dragoner den halben Schatzungswert. Dies galt jedoch nur als Sicherheit: während der darauffolgenden zehn Jahre war der Dragoner wohl Halter des Pferdes, nicht aber sein Eigentümer.

Die Ordonnanzzäumung des Offizierspferdes bestand aus Stangenzaum und Feldhalfter. Der Eidgenoss des Dragoners wurde bis Mitte der vierziger Jahre ebenfalls auf Stange, dann auf Knebeltrense gezäumt.

Noch heute erweckt der Klang des vertrauten Namens «Eidgenoss» in uns viele Erinnerungen an eine schöne Zeit. Dem Nicht-Kavalleristen fällt es schwer, die wichtige Rolle zu erfassen und zu ermessen, die das Kavallerie-Pferd im Leben des Dragoners spielte; verkörperte es doch für den glücklichen und stolzen Besitzer das leibhaftige Bild der Eleganz und der Güte, den Waffengefährten, dem man alle Aufmerksamkeit und Fürsorge widmete, dem gegenüber man aber auch Verpflichtungen hatte.

Wir brauchen uns nur die freiwillig eingegangenen Verpflichtungen in Erinnerung zu rufen, die der zukünftige Dragoner bei seinem Eintritt in die Kavallerie einging, oder an die intensive außerdienstliche Tätigkeit zu denken, die unseren Schwadronen einen ständigen und wirksamen Grad der Bereitschaft sicherte. Sonntag um Sonntag fanden sich die Dragoner, in Uniform und zu Pferd, in unserem schönen Land bei den zahlreichen Concours, Rennen, Military oder kantonalen Kavallerie-Treffen ein, um sich in Form zu halten und ihre Kräfte in fairem Wettstreit zu erproben. Auch das Pferd nahm teil am Kampf, teilte das Vergnügen seines Herrn im sportlichen Wettkampf. Beide gaben dabei ihr Bestes. Und während der stillen Saison fand man sich, in bescheidenerem Rahmen zwar, jede Woche bei den Übungen des Vereins.

Nicht zu vergessen ist auch die wichtige Stellung, die der «Eidgenoss» auf dem bäuerlichen Hof hatte. Die täglichen Kontakte zwischen dem Dragoner und «seinem» Pferd schufen dauernde Bande der Kameradschaft; es war der treue Gefährte in guten wie in schlechten Tagen; es arbeitete hart wie der Mann und trug, geduldig und guten Willens, seinen Teil der harten, aber sinnvollen Arbeiten, die der Boden abverlangt. Unsere Waffe war das Sinnbild des Landes, in dem Mann und Pferd gemeinsam den Boden bearbeiteten und bereit waren, ihn auch gemeinsam zu verteidigen.

Dem «Eidgenoss» – lebendiges Bindeglied zwischen Heimat und Armee – schuldet das Vaterland Dank, denn er hat wesentlich dazu beigetragen, in den Dragonern die Eigenschaften zu entwickeln, die unsere Armee auszeichneten: Pflichtbewußtsein, Treue und Mut. Hoffen wir, daß es das Land nicht eines Tages bereuen muß, solche lebendigen Kräfte geopfert zu haben.

PIERRE MANGE

Das fehlerfreie Pfe

Die Remonte für die Kavallerie, ungefähr vierjährig eingekauft, sollte dem Ideal eines «fehlerfreien Pferdes», wie es auf unserer Zeichnung erscheint, möglichst nahe kommen. Von den 600 Remonten, die in den letzten Jahren der Kavallerie jährlich in die Schweiz kamen, wurden 300 für die Rekruten benötigt und 300 zur Remontierung, das heißt zur Wiederberittenmachung von Dragonern, deren Dienstpferd dienstuntauglich geworden war.

Das fehlerfreie Pferd

Der Maler Moritz Veit versuchte mit dieser im Jahre 1904 entstandenen Zeichnung, die Merkmale eines ideal gewachsenen Reitpferdes aufzuzeigen, dessen Körperteile zum Ganzen in harmonischen Proportionen stehen.

Dazu gehört ein leichter, scharf gemeißelter Kopf mit großen Augen und kurzen Ohren. Ein langer, tief aus der Brust gewachsener, gegen das Genick gebogener Hals. Eine schön geschwungene, durch einen markanten Widerrist und eine kräftig bemuskelte Lende geprägte obere Linie. Schulter-, Brust- und Beckenlänge erscheinen fast gleich groß. Ein schräg gelagertes Schulterblatt und eine entsprechende Winkelung zwischen Ober- und Unterschenkel bilden die Grundlage für eine raumgreifende Aktion der Vor- und Nachhand. Lange, kräftig bemuskelte Vorarme und Schenkel, trockene Gelenke, straffe Sehnen und wohlgeformte Hufe verraten eine gesunde Konstitution.

Fehlerfrei nennt der Künstler das Modell, weil noch keine Verbrauchserscheinungen an den verschiedenen Körperteilen zu sehen sind. Verborgen bleiben dem Betrachter der innere Wert, der Gang und die Leistung des gut proportionierten, von äußeren Fehlern freien Pferdes. Der edle Ausdruck und die Harmonie des Körperbaues aber versprechen ein angenehm zu reitendes und zu guten Leistungen befähigtes Pferd.

JOSEF LÖHRER

Ausbildung und Verwendung des Bundespferdes

Unten: Oberst Henri Von der Weid (rechts im Bild in Zivil) bei der Remontenmusterung in Polen, ein in den fünfziger und sechziger Jahren wichtiges Lieferland für die Schweizer Kavallerie.

Unten: In den Zwischenkriegsjahren kamen die Eidgenossen mit wenigen Ausnahmen aus Irland. Der damalige Kommandant der Regie in Thun, Oberst Richard Ziegler, und der Kommandant des Depots in Bern, Oberst Ernest Haccius (unser Bild), waren auf der grünen Insel bekannte und geschätzte Gäste.

Das Berittenmachen der Schweizer Dragoner war eine wichtige Aufgabe. Sie wurde erschwert, weil der «Eidgenoss» nicht nur Truppenpferd, sondern auch Arbeitspferd sein sollte. Und sie wurde erschwert, weil man bei der Remontierung zu sehr auf die ausländische Zucht angewiesen war.

So waren die Eidgenossen der Schweizer Dragoner fast ausschließlich Ausländer. In den ersten 25 Jahren des Bundesheeres, das heißt bis zur Eröffnung des Eidgenössischen Kavallerie-Remontendepots in Bern im Jahre 1890, kamen alle Remonten aus Deutschland. Und mit ihnen auch deutsche Kavalleristen als Bereiter.

Um die Jahrhundertwende kamen die Remonten je zur Hälfte aus Deutschland und Irland. Als bei Ausbruch des Ersten Weltkrieges diese Quellen versiegten, gelang es, 3800 Pferde aus den USA zu erwerben und 100 aus Ungarn im Tauschhandel gegen Vieh. Dazu lieferte Spanien 1000 Pferde, hervorragende Reitpferde zwar, die meisten jedoch leicht und unbrauchbar für die Arbeit in der Landwirtschaft. In den Zwischenkriegsjahrzenten kamen fast sämtliche Schweizer Kavallerieremonten aus Irland, jedes Jahr 1200 bis 1300.

Der Zweite Weltkrieg setzte auch diesem Handel ein Ende. In den sechs Kriegsjahren wurde eingekauft, wo immer sich eine Möglichkeit bot: Jugoslawien, Ungarn, Frankreich, Dänemark, Kroatien und Portugal lieferten Pferde. Endlich begann man auch, die Remontierung aus einer zu fördernden inländischen Zucht zu diskutieren.

Nach dem Zweiten Weltkrieg wurde in Deutschland, Polen, Schweden und Frankreich eingekauft. Und erst 1964 wurde der

Rechts oben: Die in Irland gekauften Remonten wurden in eigens eingerichteten Ständen auf dem Schiff in den der Schweiz nächst gelegenen Seehafen transportiert.

Rechts unten: Während des Ersten Weltkrieges kaufte die Schweiz einige tausend Remonten in den USA, die sich als Dienstpferde und bei der Arbeit auf dem Bauernhof bestens bewährten.

Handel mit Irland wieder aufgenommen. Bei Abschaffung der Kavallerie kamen rund die Hälfte der Eidgenossen aus Irland. Die Bezüge aus Schweden und Polen waren zurückgegangen, Deutschland war wegen übersetzten Preisen gar ganz aus dem Geschäft gekommen. Um so erfreulicher, daß immer mehr im Inland gezüchtete Schweizer Halbblüter Verwendung als Remonten fanden.

Die Pferde wurden nach Abschluß der Ausbildungszeit und vor Abgabe an die Rekruten eingeschätzt. In den zwanziger Jahren lag der Durchschnittspreis bei 1 300 Franken,

Nach ihrer Ankunft in der Schweiz wurden die Remonten, zur Mehrheit noch nicht zugerittene Pferde, in die Akklimatisierungsstation «Im Sand» bei Bern, einer EMPFA-Abteilung überführt, wo sie sich an das gegenüber ihren Herkunftsländern andersgeartete Schweizer Klima gewöhnen konnten.

im letzten Kavalleriejahr 1973 betrug er rund 4500 Franken.

Die Akklimatisierung der Remonten war die erste Aufgabe, die sich dem Remonten-Depot stellte. Es war eine mühsame, viel Geduld erfordernde, oft undankbare Arbeit. Waren die Angewöhnungsprobleme und auch die häufigen Krankheiten zu Beginn überstanden, galt es, die Remonten zu stärken und für den Kurs vorzubereiten. Die Minimalzeit für die Akklimatisation betrug fünf Monate. Erst dann konnte mit der Remontenausbildung begonnen werden.

Sie bestand im wesentlichen aus einer Angewöhnungszeit unter dem Sattel, der die Dressur- und schließlich die Fahrausbildung folgte. Das Ziel der Ausbildung war primär die Heranbildung eines brauchbaren Dienstpferdes. Das bedeutete zunächst dressurmäßiges Reiten, dann die Gewöhnung an alles, was an ein Truppenpferd herantreten konnte.

Der Vorbereitungskurs der Remontenausbildung dauerte drei bis vier Monate. Wesent-

Nach ihrer Angewöhnungszeit «Im Sand» begann für die Remonten die wesentlich härtere Ausbildungszeit in der EMPFA, die bis zu acht Monate dauerte. Dem freien Auslauf folgte bald die Angewöhnung an den Sattel und, als wesentlicher Bestandteil der Remontenausbildung, die Fahrausbildung als Voraussetzung für die spätere Verwendung der Eidgenossen zu Hause beim Dragoner. Die EMPFA entwickelte dafür die «Schleppe», die eine dosierte Belastung erlaubte und gleich-

lich in dieser Periode war die Gewöhnung an den Sattel. Dies verlangte ein individuelles Vorgehen; die Anforderungen mußten dem Vermögen des Pferdes angepaßt sein. Eiserne Ruhe, viel Geduld und Liebe spielten eine große Rolle. Dem Vorbereitungskurs folgte der eigentliche Remontenkurs mit der Dressur, die rund vier Monate dauerte. Noch unfertige oder konditionell ungenügende Remonten hatten erst einen zweiten Vorbereitungskurs zu bestehen.

Die Dressurmethoden lehnten sich an die italienischen und französischen Schulen an. Es wurden die Gebrauchshaltung des Pferdes in den drei Gangarten und der Gehorsam an die Reiterhilfen geschult. Angestrebt wurden freie und natürliche Gänge, in denen das Pferd am längsten seine Leistungsfähigkeit behält und bei gesteigerten Anforderungen keinen Schaden erleidet. Gleichzeitig mit der dressurmäßigen Ausbildung wurden die Remonten auch im Gelände geritten. Dazu lernten sie das Springen über künstliche und natürliche Hindernisse und das Gehen im Stadtverkehr.

Ab 1937 behielt jeder Bereiter die sechs bis sieben Remonten, die er nach der Akklimatisationszeit übernahm, über die Vorbereitungskurse und die Remontenkurse hinweg bis zur Versteigerung.

Die Fahrausbildung der Remonten diente ausschließlich der außerdienstlichen Verwendung. Kriterien waren Zugwilligkeit, Zugfestigkeit und Zugsicherheit. Die Fahrdressur richtete sich nach der vom Deutschen Benno von Achenbach entwickelten Fahrmethode, unter Berücksichtigung der landesüblichen Anspannungsweise.

Während der Schlußinspektion durch den Waffenchef, unter Mitwirkung des Oberpferdarztes und des Kommandanten des Depots, wurden die Remonten auf ihre Eignung

zeitig den Ausbildern wie den jungen Pferden ein Höchstmaß an Sicherheit bot. Nach Akklimatisation, Vorbereitungs- und Remontenkurs wurden die Pferde vom Waffenchef, vom Oberpferdarzt und vom Kommandanten der Militärpferdeanstalt inspiziert, klassiert und für die Steigerung freigegeben.

als Dienstpferde geprüft. Die als diensttauglich befundenen Pferde gingen an die Rekrutenschule, wo sie von den Dragonern ersteigert wurden.

An diesem ersten Kontakt zwischen dem Dragoner und seinem Eidgenoss nahm die ganze Familie Anteil. Der Eidgenoss war ja nicht nur Dienstkamerad des Soldaten, sondern in den meisten Fällen auch Arbeitskamerad, und er war Partner in einer oft regen sportlichen Tätigkeit, sei es im Rahmen der von den Kavallerievereinen organisierten Übungen, im Wettkampf bei Springen oder Rennen oder beim sonntäglichen Ausritt.

Der Dragoner

Während des Zweiten Weltkrieges bestand der Schweizer Kavallerist seinen letzten ernsthaften Einsatz, als er im Berner, Neuenburger und Waadtländer Jura patrouillierend den Grenzraum überwachte. Damals gehörte neben dem Karabiner und dem Bajonett noch der lange Säbel zur Bewaffnung.

Es liegt nicht in unserer Absicht, eine posthume Lobrede auf den Korpsgeist der Kavallerie und die Dragoner zu halten; es geht vielmehr darum, darzulegen, wie diese Geisteshaltung geformt wurde und die Stellung des Dragoners zu präzisieren, sowohl im Militärdienst wie im Dienste des Landes überhaupt. Für ihn ist beides gleicher Natur.

Man wird nicht als Dragoner geboren, man wird zu einem und meistens bleibt man es fürs Leben. Schon in der Rekrutenschule war der junge Dragoner gezwungen, sich mit dem Verhalten des Pferdes auseinanderzusetzen. Diese Disziplin und der Kontakt mit dem Pferd förderten bestimmte Charaktereigenschaften: Ausdauer, Selbstzucht, Bewußtwerden der Grenzen des eigenen Vermögens und Entschlußkraft.

Während des ganzen Militärdienstes traf er mit Waffengefährten aus dem gleichen Milieu und mit gemeinsamen Ideen zusammen. Auch außerhalb des Militärdienstes mußte er sich einer gewissen Disziplin unterziehen – schon allein durch die Verpflichtung, sein eigenes Pferd zu unterhalten. Auf den Concours-Plätzen oder anläßlich außerdienstlicher Übungen kam er mit seinen Kameraden und seinen Offizieren zusammen; das alles schuf eine Gemeinschaft, eine Bruderschaft.

Sie wurden – das lag in der Natur der Sache selbst – «engagierte» Bürger und blieben es auch, wenn ihr Militärdienst zu Ende war. Sie machten sich eine positive und aktive Haltung zu eigen, interessierten sich für die öffentlichen Angelegenheiten, für die Belange der Gemeinschaft. Auch diese Haltung wurde ihnen zur Selbstverständlichkeit und steigerte die Hingabe an ihre Heimat und an ihr Vaterland.

Gewiß, dieser Geist manifestierte sich manchmal in betonter «Militärfreundlichkeit» und wirkte, in manchen Fällen, irritierend auf den, der nicht zu ihrer Waffengattung zählte. Dieses Engagement, dieses Bewußtsein seiner Pflichten stellten aber einen moralischen Wert und eine echte Kraft dar. So wurde die Abschaffung der Kavallerie von ihren Mitgliedern als sinnlos, als Sakrileg empfunden. An einem kranken Körper mag man wohl die ungesunden Teile wegoperieren – nicht aber die gesunden Glieder. Und die Kavallerie war gesund und zuverlässig.

SIMON CHAPPUIS

Von der Rekrutenschule zum Aktivdienst

Die Dragoner hatten eine Sonderstellung in der Schweizer Armee. Sie stellten nicht nur sich selber in den Dienst des Vaterlandes, sondern bildeten eine Einheit mit einem andern Lebewesen, dem Pferd. Neben dem Gewehr und der weiteren Ausrüstung nahm der Dragoner auch seinen Eidgenoss mit nach Hause – ein Pferd, das bewußt nicht nur seiner Diensttauglichkeit wegen ausgebildet und ausgewählt worden war, sondern auch im Hinblick auf seine außerdienstliche Verwendung und wirtschaftliche Zweckbestimmung.

Das Außergewöhnliche im Vergleich zu den anderen Waffengattungen war aber die Rekrutierung der zukünftigen Dragoner. Ein Füsilier oder ein Funker konnte im besten Falle am Tage der Rekrutierung einen vagen Einteilungswunsch aussprechen, ohne daß diesem aber immer stattgegeben wurde, während die Rekrutierung unserer Reiterwaffe einen in der Welt einzigartigen Vorgang bildete.

Die Rekrutenschule war der Ausgangspunkt eines Dragonerlebens. Hier erhielt er seine Grundausbildung als Soldat und seine reiterliche Ausbildung als Angehöriger einer berittenen Spezialtruppe. Die Aspirantenschule formte die Führer dieser Truppe. In den ersten Jahrzehnten dieses Jahrhunderts wurde dabei noch Säbelfechten als Bestandteil der militärischen Ausbildung geübt. Beim Inneren Dienst wurde einer sorgfältigen Pflege von Sattel und Zaumzeug größte Bedeutung beigemessen, da davon die Marschtüchtigkeit der Pferde abhängig war. Das Schlußbild war dann nicht nur Abschluß einer reichen Ausbildung, sondern auch stolze Erinnerung, wie dies die Guiden der Rekrutenschule des Jahres 1880 in Luzern beweisen.

Rechte Seite: Die Wiederholungskurse und die dabei abgehaltenen Manöver waren die nächsten Stufen in der Ausbildung des Dragoners und seines Eidgenoss. Unser Bild: Eine Übersetzung einer Dragoner-Patrouille während der Manöver im Jahre 1902.

Die Pferdesteigerung, an der der Dragoner-Rekrut seinen Eidgenoss ersteigern konnte, bildete Höhepunkt und Abschluß der Kavallerie-Rekrutenschule. Als Basis galt der halbe Schatzungswert, um den zuerst geboten werden mußte. Bewarben sich mehrere Interessenten um dasselbe Pferd, konnte bis 400 Franken darüber geboten werden. Brachte dies immer noch keine Entscheidung, mußte das Los entscheiden, wie hier nach Abschluß der Kavallerie-Rekrutenschule II in Bern 1918. Sehr oft entschieden auch die Väter oder Verwandten der Dragoner dank ihrer Erfahrung und Umsicht.

*Rechte Seite, von oben nach unten: Empfang des Kaisers vor dem Zürcher Hauptbahnhof durch die Bundesbehörde und hohe Schweizer Offiziere. In der Bildmitte der Kaiser, im Zylinder Bundespräsident Forrer, rechts daneben Bundesrat Hofmann. Oberstkorpskommandant Ulrich Wille begrüßt auf dem Manövergelände Bundesrat Hofmann, links daneben Graf von Moltke und Oberstkorpskommandant Sprecher von Bernegg. In der Bildmitte der offensichtlich amüsiert-zufriedene Kaiser Wilhelm II.
Defilee einer Kavallerie-Schwadron.*

Der erste Schritt auf dem Weg zum Dragoner war das Ausfüllen einer vom Vater mitunterschriebenen Bewerbung und die Erlangung einer Bestätigung, unterzeichnet durch den Gemeinderat und den Kreiskommandanten. Auf Grund dieses Gesuches wurde dem Schwadronskommandanten der Auftrag erteilt, beim Dragoneranwärter eine Vorinspektion vorzunehmen. Bei diesem ersten Kontakt erhielt der Einheitskommandant Gelegenheit, den Bewerber und seine Familie kennenzulernen.

Wesentlich bei dieser Vorinspektion war vor allem die Abklärung, ob der Stall den Anforderungen entsprach und ob Pflege, Haltung und Training des Eidgenoss im Falle einer Rekrutierung zum Dragoner gewährleistet wären.

Auf Grund dieser Vorbesuche wählte der Schwadronskommandant die ihm qualifizierter scheinenden Leute aus. Es war eine aufwendige Prozedur, aber sie garantierte eine Auswahl, die sich auf wesentliche Faktoren, wie Familie und wirtschaftliche Verhältnisse

Das «Kaisermanöver»

Das in der ersten Septemberwoche 1912 in der Ostschweiz durchgeführte große Manöver aller Waffengattungen, vom damaligen Oberstkorpskommandant und späteren General Ulrich Wille gründlich vorbereitet, sollte vor aller Welt die Schlagkräftigkeit und kriegsgenügende Ausbildung der Schweizerischen Armee unter Beweis stellen. Wahrscheinlich war es den persönlichen Beziehungen Willes gelungen, den deutschen Kaiser Wilhelm II. zu veranlassen, eine Einladung zur Besichtigung dieser Truppenübung anzunehmen. Der Kaiser, begleitet von einem großen Gefolge, traf am 3. September zu einem offiziellen Staatsbesuch in Basel ein und fuhr mit seinem Hofzug bald nach Zürich weiter, wo er in der Villa Rietberg Quartier nahm. In den Augen Willes war der Chef des deutschen Generalstabes, General von Moltke, die wichtigste Begleitperson. Der politische Zweck dieser Einladung wurde erreicht. Wie aus den zeitgenössischen deutschen Pressestimmen einstimmig hervorgeht, waren der Kaiser und seine ihn begleitenden Offiziere (und die zusätzlichen fünfzig Sonderberichterstatter der deutschen Presse) von der Leistungsfähigkeit der Schweizerischen Armee sichtlich überrascht und derart beeindruckt, daß man im deutschen Generalstab davon absah, während des Ersten Weltkrieges einen Durchmarsch durch die Schweiz ernsthaft zu erwägen.

zu Hause, stützte. Dem Dragoner gab diese Auslese das Gefühl, einer Spezialtruppe anzugehören. Und er wußte, daß auch seine Familie an seinem Soldatenschicksal regen Anteil nehmen würde.

Die Rekrutierungszeremonie mit dem Besuch des Schwadronskommandanten im Hause des Bewerbers schuf auch ein enges Verhältnis zwischen Familie und Truppe – eine Bindung, die bei einer anderen Dragoner-Zeremonie, der Steigerung, vertieft wurde. Die alljährliche Pferde- und Stallinspektion durch den Kommandanten war eine weitere Gelegenheit der Bindung zwischen Volk und Armee. Des öfteren wurde der Kommandant vom Präsidenten des lokalen Kavallerievereins begleitet, womit die große Bedeutung auch der außerdienstlichen Tätigkeit unterstrichen wurde.

Während in den andern Truppengattungen der Aushebungsoffizier einteilt, waren die meisten Dragoner aus eigenem Wunsch zur Reiterwaffe gekommen. Liebe zum Pferd, vielleicht auch zum Pferdesport, waren die Gründe für diesen Entschluß.

In den ersten Jahren des Schweizer Bundesheeres wurde die Kavallerierekrutenschule dezentralisiert auf verschiedenen Waffenplätzen durchgeführt. Im Februar begannen die Dragoner-RS in Bern und Aarau, im Juni in Zürich oder Winterthur und im Oktober in Luzern. Sie begannen jeweils nach Abschluß der damals noch an den gleichen Orten durchgeführten Remontenkurse, wobei die Rekruten nach drei Wochen die ihnen vom Schulkommandanten zugeteilte Remonte übernahmen. Schon damals mußte der halbe Schatzungswert bezahlt werden.

Erst in diesem Jahrhundert wurde Aarau zum einzigen Kavallerie-Ausbildungsplatz der Schweizer Armee mit alljährlich zwei Rekrutenschulen. Im Jahre 1874 dauerte die Kavallerie-RS noch 42 Tage. 1907 wurde sie auf 91 Tage verlängert. 1972, als das Ende für die Dragoner kam, waren es 132 Tage oder 19 Wochen.

Interessant ist in diesem Zusammenhang eine Anordnung aus den zwanziger Jahren, die festlegte, was die Kavallerierekruten an persönlicher Ausrüstung erhielten:

Ein Käppi, eine Quartiermütze, einen Waf-

Bei Ausbruch des Ersten Weltkrieges zog die Kavallerie an die Grenze. Links: Ein Dragoner-Zug während der ersten Kriegsjahre, als die Kavallerie noch die alte Ordonnanz mit dem Käppi trug, die um 1915 durch die noch heute verwendeten Uniformen ersetzt wurden.
Rechts: Eine Kavallerie-Mitrailleur-Kompanie auf dem Vormarsch zur Grenze im Kanton Thurgau.

fenrock mit Kragenpatten, Ärmelaufschlag und Achselnummer, zwei paar Reithosen ohne Besatz, einen Reitermantel, eine Krawatte, einen Kavallerie-Brotbeutel, eine Feldflasche, ein Stahlblech-Kochgeschirr, ein Eßbesteck, eine Anstreichbürste mit Futteral, ein Paar Anschraubsporen und ein Mannsputzzeug.

An Waffen und Zubehör wurden abgegeben: ein Karabiner mit Riemen und Putzzeug, ein Patronenbandelier, ein Soldatenmesser und ein Säbel. Dazu kam noch die komplette Pferdeausrüstung. Die Kosten der erstmaligen Einkleidung, also nur der persönlichen Ausrüstung des Kavallerierekruten, betrugen 406 Franken. Im Vergleich dazu kostete ein Füsilier nur 330 Franken, ein Fahrer der Feld- und Fußartillerie und des Train war dagegen mit 503 Franken um einiges teurer.

In der letzten Kavallerie-Rekrutenschule von 1972 erhielt der Dragoner-Rekrut folgende, im Dienstbüchlein eingetragene Ausrüstung: ein Sturmgewehr (leihweise), ein Bajonett mit Bajonettscheidetasche, ein Soldatenmesser, einen Leibgurt und einen Hosengurt, einen Stahlhelm, eine Feldmütze, einen Waffenrock mit zwei Reithosen, drei Uniformhemden mit zwei Krawatten, einen Mantel mit Einknöpffutter und einen Regenmantel, einen Rucksack, eine Effektentasche, einen Brotsack, eine Feldflasche mit Becher, Kochgeschirr und Eßbesteck, ein Mannsputzzeug, ein paar schwarze Sporen, ein Hörschutzgerät, eine Erkennungsmarke, eine Identitätskarte und Brillengläser zur Gasmaske.

Das Ausbildungsprogramm dauerte 19 Wochen, zwei Wochen länger als die Ausbildungsperiode der meisten anderen Truppengattungen. Für die Grundschulung waren rund elf Wochen, unterbrochen durch die Schießverlegung, festgesetzt. Ihr folgte die Verlegung, die am Schluß der 17. Woche, also

Unten: Eine Dragoner-Schwadron während des Ersten Weltkrieges in einer für die damalige Zeit typischen geschlossenen Formation. Die Schwadronen waren noch für berittene Attacken ausgebildet, daher waren die Pferde auf Stangen gezäumt und wurden mit der linken Hand geführt, um die rechte Hand für den Stoß mit dem Säbel frei zu halten. Der Karabiner steckte im Halfter am Sattel.

zwei Wochen vor der Entlassung, zu Ende ging.

Die Grundschulung umfaßte einerseits die Anforderungen, die an alle bewaffneten Rekruten der Schweizer Armee gestellt wurden: Verhalten gegenüber den Vorgesetzten, äußere Erscheinung, innerer Dienst, Exerzieren, Körpertraining, Grundkenntnisse der Schweizer Armee, Kenntnis und Handhabung der Waffen, Grundausbildung im Einzelkampf.

Andererseits umfaßte sie Dienst und Ausbildung mit dem Pferd: Grundlagen des Reitens, Pferdekenntnis, Stalldienst.

Diese rund elfwöchige Periode schloß mit der Inspektion des Waffenchefs der Kavallerie, vom Jahre 1936 an des Waffenchefs der Leichten Truppen.

Im Mittelpunkt der zweiten, rund sechswöchigen Verlegungsperiode stand die Gefechtsausbildung. Das heißt, nicht mehr Einzelkampf, sondern Ausbildung zum Gefecht in der Gruppe, im Zug oder in der Schwadron. Unterbrochen wurde dieser Felddienst

Links: So ritt man bergabwärts, bevor die Lehren Caprillis, die der damalige Depot-Kommandant Henri Poudret von seinem Aufenthalt an der italienischen Kavallerieschule in Tor di Quinto mitgebracht hatte, bei der Schweizer Kavallerie Einzug hielten.

Unten: Dragoner beim Geländereiten im Verband bei Rheinfelden.

durch Tage, bei denen die Grundausbildung aufgefrischt wurde. Meistens in der 14. Woche folgten mehrtägige Manöver, sehr oft im Jura, wo das Gelände die geeigneten Voraussetzungen für den Einsatz der Kavallerie bot. Sehr oft wurden diese Manöver zusammen mit Rekrutenschulen anderer Truppengattungen, mit Radfahrern, motorisierten Leichten Truppen oder gar mit der Infanterie, durchgeführt.

In der zweiwöchigen Schlußperiode wurden die Dragoner im Fahren ausgebildet. Dazu kamen Einzelwettkämpfe im Schießen und Reiten. In der Woche vor der Entlassung fand dann die Schlußinspektion durch den Waffenchef statt. Es war eine feierliche Zere-

Die 4 Generäle

Die Schweizer Kavallerie hatte das Glück, daß jeder der vier Generäle, die in den vier großen Mobilmachungen die Schweizer Armee befehligten, Verständnis für die Anliegen der Kavallerie zeigte. Mit ihren Anregungen und Anordnungen prägten die Generäle Dufour, Herzog, Wille und Guisan entscheidend die Geschichte der Schweizer Kavallerie.

Henri Dufour (1787–1875), General der Tagsatzungs-Armee im Sonderbundskrieg von 1847, hatte bereits im Jahre 1844 als Generalstabschef einen Plan zu einer Umorganisation der Armee vorgelegt, die auch für die Kavallerie eine wichtige Rolle vorsah. Seine Vorschläge wurden durch die Militärorganisation von 1850 realisiert.

Hans Herzog, General der Schweizer Armee im Deutsch-Französischen Krieg von 1870/71, gab den Anstoß zur Militärorganisation von 1874, die den endgültigen Übergang zum Bundesheer brachte und dabei wesentliche Verbesserung für die Kavallerie schuf.

Ulrich Wille (1848–1925), der Schweizer Oberbefehlshaber im Ersten Weltkrieg, war als damaliger Waffenchef der Kavallerie Schöpfer des Kavalleriereglements von 1894. Wille ließ die den Kampf zu Pferd übenden Dragoner absitzen, sie wurden zu reitenden Infanteristen. Neben dieser durch die Erfahrungen des Ersten Weltkrieges bestätigten taktischen Entscheidung griff Wille mit eiserner Faust durch und schuf aus einer bis dahin nur mangelhaft ausgebildeten und disziplinierten Truppe die Schweizer Kavallerie, wie sie ein Dreivierteljahrhundert lang ein Symbol der wehrtüchtigen Schweiz verkörperte. Wille war zweifellos die bedeutendste Persönlichkeit in der Geschichte der Schweizer Kavallerie.

Henri Guisan (1874–1960), General im Zweiten Weltkrieg, war nach sechs Jahren Aktivdienst davon überzeugt, daß die Dragoner in unserem Gelände ihre Bedeutung nicht verloren haben. Nicht zuletzt seine Empfehlungen waren dafür verantwortlich, daß der erste Kampf im Jahre 1947 um die Erhaltung der Kavallerie gewonnen werden konnte. General Guisan verkörperte im Zweiten Weltkrieg aufs vorbildlichste den entschlossenen Widerstandswillen des Schweizervolkes.

Links oben: General Dufour. Lithographie, 1848. Rechts oben: General Herzog. Links unten: General Wille. Unten: General Guisan auf dem ehemaligen Dressurpferd Nobs.

Am 2. September 1939 wurde vom Eidgenössischen Militärdepartement die Kriegsmobilmachung angeordnet. Der Dragoner hatte sich mit seinem Eidgenoss, seiner Bewaffnung, Ausrüstung und Kriegsmunition auf dem ihm bekannten Korpssammelplatz zu melden und wurde von seinem Kommandanten eingeteilt.

So leistete die Kavallerie auch im Zweiten Weltkrieg während sechs Jahren ihren aktiven Beitrag zur Landesverteidigung. Ihr prädestinierter Einsatzraum war, wie im Ersten Weltkrieg, das bewaldete und kupierte Gelände des Jura. Aus ausbildungs- und einsatztechnischen Gründen wurden die aufgebotenen Schwadronen zu größeren Verbänden, bis zu Divisionsstär-

ke, zusammengefaßt.
Links: *Aufmarsch eines Dragoner-Zuges.* Rechts: *Eine Dragoner-Gruppe in Fliegerformation auf dem Vormarsch.*

Wohl einzigartig in der Welt sind die in den Kriegsjahren erschienenen Sondermarken der Armeeorganisationen und -truppen, mit denen die Feldpost frankiert werden konnte und deren Erlös dem Fürsorgefonds der Armee zufloß.

monie und ein würdiger Schlußpunkt unter die Dragoner-Rekrutenschule. Die gesamte Schule zog in der sogenannten Inspektionsaufstellung beritten hinter der Standarte auf. Nach einigen Exerzierübungen defilierte die Truppe im Trab und schließlich im Galopp.

Höhepunkt der Rekrutenschule war die Versteigerung der Pferde. Ursprünglich fand sie am Schluß der dritten RS-Woche statt, später wurden die Termine nach Verfügbarkeit der ausgebildeten Remonten festgelegt.

Die Versteigerungsprozedur begann damit, daß die Depotpferde, die die Dragoner in der Regel bis zur 17. Woche begleitet hatten, wieder zur EMPFA nach Bern zurückgebracht wurden. Mit diesen Pferden waren die Dragoner feldtüchtig gemacht worden. Nun durften sie endlich auf ihren Eidgenoss umsteigen.

Die in der EMPFA in knapp 150 Reitlektionen ausgebildeten Remonten wurden, in Güterwagen verladen, nach Aarau überführt

In der Auszugszeit absolvierte der Dragoner alljährlich seinen dreiwöchigen Wiederholungskurs. Sein Eidgenoss wurde dabei entweder in Kantonnementen, also improvisierten Unterkünften bei Landwirten oder in Pferdezelten, die 20 bis 30 Pferden Unterkunft boten, untergebracht. Im Ausbildungsprogramm waren rund zwei Drittel der Zeit für die Ausbildung mit der Waffe und am Pferd reserviert. Die reiterliche Ausbildung umfasste Verschiebungen im Verband in schwierigem und unwegsamem Gelände, in tiefem Boden und Schnee, sowie die Gefechtsausbildung zu Fuß. Gleichzeitig wurde das In-Deckung-Gehen und das Sichern der zurückgebliebenen Pferde geübt. Dabei galt es, die Zeit zwischen dem Absitzen und der erneuten Verschiebung möglichst kurz zu halten, um für neue Einsätze bereit zu sein.

schied das Los. Bezahlt wurde in bar. Am Nachmittag erfolgte dann, unter den prüfenden Augen der versammelten Dragonerfamilien, der Schwadronsausritt, nun erstmals die Dragoner auf ihren Eidgenossen.

Nach der Entlassung am Ende der 19. Woche nahm der Dragoner seinen Kameraden, das Pferd, mit nach Hause. Hier erfüllte es eine Doppelfunktion: der Eidgenoss war Arbeitskraft in einem meist landwirtschaftlichen Betrieb, und er war Kamerad in der außerdienstlichen Tätigkeit, sei es im Rahmen der von den Kavallerievereinen organisierten Übungen, sei es als Sportpferd bei Springen oder Rennen. Es galt, den Eidgenoss für den nächsten Einsatz im Training zu halten: Für die Unteroffiziersschule mit anschließendem Abverdienen oder für die Aspirantenschule mit erneutem Abverdienen als Offizier. Für den Großteil der Dragoner aber war es abgesehen von den zwei Aktivdiensten von 1914 bis 1918 und 1939 bis 1945, der WK, der Wiederholungskurs.

Dieser dauerte für die Kavalleristen 21 Tage. Noch 1850, als kantonal ausgerüstete

und dort in Sport-, Allgemeine und Schwere Klasse eingeteilt. Jeder Dragoner konnte sich für eine der drei Klassen einschreiben lassen, wobei für die beiden letzteren das Gewicht und die Größe des Reiters eine Rolle spielten. Am Tage vor der Steigerung – traditionsgemäß am Samstag durchgeführt – konnten die Angehörigen der Dragoner die Pferde besichtigen. Die Familie hatte mit dem Dragoner Gelegenheit, die Remonten im Stall oder im Schritt und im Trab zu begutachten.

Am Samstagmorgen begann dann – nach einem letzten Besuch im Stall – die Steigerung. Jede Remonte wurde einzeln an der Hand vorgeführt. Alter und Schätzwert wurden verlesen, und es wurde auf Fehler, Mängel und Schwächen aufmerksam gemacht. Nach der Vorführung im Trab konnte geboten werden. Bei mehreren Interessenten wurde bis zum Höchstbetrag von 400 Franken über dem Schatzungswert gesteigert. Blieb dann immer noch mehr als ein Anwärter, ent-

Die Verschiebung der berittenen Verbände erfolgte in geöffneter Fliegerformation, was an den einzelnen Reiter hohe Anforderungen stellte, vor allem an die Dragoner, die neben ihrem eigenen Pferd noch das mit schweren Waffen und Munition be-

Kontingente das eidgenössische Heer bildeten, hatten sieben Tage genügt. Mit der Truppenordnung von 1874 erhöhte man die WK-Zeit für die Kavallerie auf 10 Tage und 1973 waren es dann drei Wochen.

In den Aktivdiensten von 1914 bis 1918 und 1939 bis 1945 wurde ein Mehrfaches dieser Zeit erreicht. Im Ersten Weltkrieg dienten die Dragoner durchschnittlich 387 Tage, die Guiden 462 Tage. Es waren lange Jahre der Ablösungsdienste: in der Ajoie, im Tessin, im Fricktal und anderswo. Die 7er und 8er Dragoner wurden gar im Engadin geschult: sie ritten auf schmalen Gebirgspfaden durch das Scarltal und über die Fuorcla Surley bis auf 2200 Meter Höhe.

Die wohl bedeutendste Persönlichkeit in der hundertjährigen Geschichte der Schweizer Kavallerie, Oberst Ulrich Wille – ab 1883 Oberinstrukteur, von 1891 bis 1896 Waffenchef der Kavallerie – war am 3. August 1914 zum General, dem dritten in der Geschichte der Schweizer Eidgenossenschaft, gewählt worden. Bereits drei Tage zuvor hatte die Bewachung der Grenzen, Verkehrslinien und militärischen Anlagen durch Landsturmtruppen begonnen. In den Tagen nach der Generalswahl erfolgte der Aufmarsch der Armee; rechtzeitig, um die Schweizer Nordwestgrenze während der Kämpfe bei Mülhausen zu sichern. Als Italien 1915 in den Krieg eintrat, wurde die Besetzung der Südfront verstärkt.

packte Bastpferd mitführen mußten. Zurück von der anstrengenden Übung, galt die erste und nobelste Pflicht eines jeden Dragoners der Pflege und der Unterkunft seines vierbeinigen Kameraden.

Neue Aufgebote waren 1917 nötig, als Frankreich in Erwartung eines Durchmarsches deutscher Truppen durch die Schweiz an unserer Westgrenze eine Armee bereitstellte.

Auf den Aktivdienst folgte der Ordnungsdienst während des Generalstreiks von 1918. Im November jenes Jahres war die gesamte Kavallerie im Ordnungsdienst eingesetzt, wobei ohne wesentliches Blutvergießen Ruhe und Ordnung aufrecht erhalten oder wiederhergestellt werden konnten. Die nach dem kurzen Generalstreik wütende Grippeepidemie raffte 1800 Schweizer Soldaten dahin, darunter viele Kavalleristen. Das 1921 eingeweihte Kavalleriedenkmal auf dem Heiglandhubel bei der Lueg im Emmental erinnert noch heute an die bernischen Opfer der spanischen Grippe.

Im Zweiten Weltkrieg ritt die Kavallerie erneut an die Grenze und stand Wache für die Unverletzbarkeit der Heimat bis zum Ende des Krieges. Im Winter 1944/45 waren sämtliche Reiterregimenter im Jura zusammengezogen, als jenseits der dortigen Grenzen Kämpfe zwischen den Alliierten und den sich

Der Eidgenoss zuhause

Der Eidgenoss war der ständige Kamerad. Der Dragoner rückte mit ihm in den Wiederholungskurs ein und war bereit, mit ihm im Kriegsfalle Dienst zum Schutze der Heimat zu tun. Er war Partner im Alltag bei Feierlichkeiten, bei den Übungen des lokalen Kavallerievereins. Er trug seinen Meister in Sprungkonkurrenzen und Rennen.

Der Eidgenoss war Arbeitskamerad auf dem Bauernhof des Dragoners oder seiner Eltern. Er ging am Wagen und am Pflug als wertvolle Arbeitskraft. Am Sonntag wurde ausgeritten oder gefahren.

All dies schuf ein enges Verhältnis zwischen Mensch und Tier, eine Kameradschaft, die hauptverantwortlich für den gerühmten Dragonergeist war, für die Einheit zwischen Mensch und Tier.

zurückziehenden deutschen Truppen tobten.

Der Aktivdienst im Zweiten Weltkrieg gab der Kavallerie die Gelegenheit, in enger Zusammenarbeit mit den anderen Truppengattungen zu operieren. Er brachte den Dragonern neue Erlebnisse und wertvolle Erkenntnisse. Er brachte auch ein zweifellos neues, gegenseitiges Verständnis: die Dragoner lernten von den Füsilieren, und die anderen Truppengattungen erkannten die vielfältigen Einsatzmöglichkeiten der Dragoner als berittene Infanterie. Dieses neuerwachte Verständnis, die gegenseitige Achtung waren, abgesehen von der in diesen langen Tagen gewachsenen Kameradschaft, eines der erfreulichsten Ergebnisse des zweiten Aktivdienstes.

Die Pferdestellung

In der Schweizer Armee hatten nicht nur die Kavallerie und die Artillerie Pferde. Auch die Infanterie und die Sanität waren zum Teil beritten. Die Remontierung dieser Truppen erfolgte im Rahmen der Pferdestellung, die sämtliche in der Schweiz stehenden Pferde erfaßte. Die Pferdestellung war den einzelnen Platzkommandos unterstellt, die bei der Einschät-

zung der von den Landwirten und Geschäftsleuten vorgeführten Pferde gemeindeweise vorging. Anwesend bei diesen jährlichen Pferdestellungen waren der Pferdekontrollführer der Gemeinde, Delegierte der Gemeinde, der Pferdestellungsoffizier und sein Stellvertreter, sowie zwei Experten.

Während die Pferdestellung bereits auf die Anfänge des Schweizer Bundesheeres zurückgeht, erfolgte die erste konsequente Einschätzung aller in der Schweiz stehenden Pferde im Frühjahr 1939, als der Zweite Weltkrieg vor der Türe stand. Alle vorgeführten Pferde wurden eingeschätzt, am Huf markiert (rechts die Stellkreis-Nummer, links die Kontrollnummer) und erhielten ihr Verbal mit allen Signalementen. Als der Krieg ausbrach, war die Remontierung der Schweizer Armee bei der Generalmobilmachung gewährleistet. Rund die Hälfte der gestellten Pferde konnte diensttauglich erklärt werden; der Besitzer erhielt während der Dienstzeit seines Pferdes vier, später zwei Franken pro Tag.

Die Regie in Thun

Vierzig Jahre nach der Gründung der Eidgenössischen Pferde-Regie-Anstalt wurden in Thun jene Gebäude erstellt, welche die für die Entwicklung der Reitkunst und des Schweizer Pferdesportes bedeutende Ausbildungsstätte in den sechs Jahrzehnten bis zum Jahre 1950 beherbergten. Nach Oberst Richard Ziegler wurde im Jahre 1937 der im Dressur-, Military- und Springsattel gleichermaßen erfolgreiche Oberst Max Thommen, der hier General Henri Guisan kutschiert, ihr Kommandant.

Die Eidgenössische Pferde-Regie-Anstalt in Thun (EPRA), oder im Volksmund die Regie, wurde im Jahre 1850 gegründet und schloß 100 Jahre später ihre Pforten. Der Regie war die Aufgabe übertragen, Pferde an Sattel und Wagen zu gewöhnen und damit Artillerie- und Infanterieoffizieren, die zum Militärdienst einrückten, geeignete Reitpferde zur Verfügung zu stellen, Schulen und Kurse beritten zu machen sowie Zugpferde für die Artillerie und den Train zu stellen.

Im Jahre 1893, als die Regie von den 1841 erbauten Reithallen an der Abzweigung Mittlere Straße und Aare-Straße in die noch heute bestehenden Stallungen und Gebäude in Schwäbis an der Aare umzog, wurde ihr die neugegründete Artillerie-Bundespferde-Anstalt angegliedert.

Dieses Artillerie-Pferde-Depot mußte die Feldartillerie mit geeigneten Reit- und Zugpferden aus der einheimischen Zucht versorgen. Alljährlich wurden einige hundert Freiberger gekauft und ausgebildet. Von 1874 an hatte die Regie das Eidgenössische Hengstendepot beherbergt, das 1889 nach Avenches umzog und gleichzeitig dem Landwirtschaftsdepartement unterstellt wurde.

Die Regie begann mit 30 Artilleriepferden. Bereits im Jahre 1864 waren es 120 Pferde aller Rassen, darunter einige Inländer.

In der Folge wurde der Einkauf der Regie-Pferde auf die Normandie, Norddeutschland und Ungarn beschränkt. Im Jahre 1887 war der Bestand auf 600 Pferde angewachsen, und im Jahre 1925 zählte man 988 Reitpferde und 150 Artillerie-Bundespferde, die von 13 Offizieren, 5 Verwaltungsbeamten, 36 Bereitern und Fahrern, 169 Mann Stallpersonal und 12 Schmieden, Sattlern und Wagnern betreut wurden.

In den vierziger Jahren, kurz vor der Auflösung, wurde mit 1600 Pferden und Maultieren ein Höchststand erreicht. Der Totalbestand an Personal, Beamten, Angestellten und Hilfskräften betrug 295 Personen.

Die Regie war aber nicht nur Ausbildungsstätte für Offiziers-Reitpferde und Artillerie-Zugpferde. Sie bot auch Offizieren und Offiziersaspiranten Gelegenheit, sich in mehrmonatigen Kursen zu schulen und ermöglichte jungen Offizieren, sich in sportlichen Kursen eine solide Basis im Reiten zu verschaffen.

In den Aufgabenbereich der Regie fiel aber auch die Beschickung von pferdesportlichen Anlässen, um die Bereiter und Reitlehrer wettkampfmäßig zu erproben. Vor allem

Die große Tradition der berittenen Feldartillerie, deren Pferde, im Volksmund «Der Bund» genannt, jahrzehntelang in der Regie in Thun ausgebildet wurden, wurde während der Expo 1964 in Lausanne wiedererweckt. Ehemalige Bereiter und Fahrer der Regie demonstrierten vor vielen Tausenden begeisterter Zuschauer ihre Fahrkunst in Präzision und großartiger Disziplin.

Dressur und Military wurden in Thun gefördert. Im Springgarten der Regie wurde im Jahre 1916 erstmals ein Nationaler Concours Hippique durchgeführt und drei Jahre später im Rahmen dieser Veranstaltung die erste Military auf Schweizer Boden.

An der Spitze der Regie, die als unabhängige Abteilung direkt dem Eidgenössischen Militärdepartement unterstellt war, stand ursprünglich ein Direktor, von der Umorganisation von 1937 an bis zur Schließung Ende 1950 ein Kommandant. Neben Oberst Richard Ziegler und seinem Nachfolger, Oberst Max Thommen, prägten in unserem Jahrhundert vor allem Oberstleutnant Jakob Schwendimann und Major Bernard de Mestral das Gesicht der Regie – neben den großen Namen wie Kuhn, Mercier oder Moser, die auch im internationalen Pferdesport Berühmtheit erlangten. In den dreißiger Jahren weilte Benno von Achenbach, Begründer der heutigen Fahrmethode, mehrere Monate in Thun.

Als Folge der intensiven Motorisierung der Schweizer Armee war die Aufhebung der Re-

gie unabwendbar. Im Laufe der Jahre war die Anstalt vom größten Teil ihrer ursprünglichen Aufgaben entbunden worden. So beschloß der Bundesrat, die Eidgenössische Pferde-Regie-Anstalt in Thun stufenweise abzubauen und auf 31. Dezember 1950 aufzuheben. Die verbleibenden Aufgaben wurden dem Depot in Bern übertragen, das in der Folge in die Eidgenössische Militär-Pferde-Anstalt, EMPFA, umgetauft wurde.

Der deutsche Hippologe Gustav Rau würdigte die Bedeutung der Regie: «Wenn die Schweizer sehr wohl wissen, was sie an diesem Institut besessen haben, so stand es auch hoch im Ansehen der internationalen Fachleute als ragendes Beispiel vorbildlicher Einrichtungen und Führung eines der größten Pferdeinstitute der ganzen Welt. Alljährlich besuchten Hunderte von Fachleuten aus der ganzen Welt zu ihrer Belehrung und ihrer Erbauung die Regieanstalt. Wenn dieses Institut ein Opfer der Zeiten wird, so setzte ihm die internationale Pferdewelt ein Denkmal treuer und dankbarer Erinnerung.»

Das Depot in Bern

Die EMPFA wurde seit dem Zweiten Weltkrieg als Bewahrungsstätte der klassischen Reitkunst weltweit anerkannt und gerühmt. Nach den Springreitern in den Vorkriegsjahren waren es in den fünfziger und frühen sechziger Jahren zuerst ihre Dressurreiter und unmittelbar daran anschließend ihre Fah-

Als auf Grund der Truppenordnung von 1874 ein Schweizer Bundesheer und damit eine eidgenössische Kavallerie entstand, glaubte man, die Remonten an den Orten abrichten zu können, wo die zukünftigen Dragoner und Guiden ihre Rekrutenschule absolvierten. So entstanden wandernde Remontendepots in Bern und Aarau, Zürich und Winterthur sowie in Luzern.

Die importierten Remonten kamen jeweils kurz vor Beginn des Kurses an, wurden durch Bereiter zugeritten und dann den angehenden Kavalleristen verkauft. Die kranken oder unfertigen Remonten zogen am Ende des Kurses samt Bereiter und Wärter auf den nächsten Waffenplatz.

Dieses dezentralisierte System befriedigte nicht, vor allem weil bei diesen Wanderdepots der Akklimatisation der importierten Remonten zu wenig Beachtung geschenkt werden konnte. So entstand im Jahre 1890 – auf Antrag des damaligen Oberinstruktors der Kavallerie, des späteren Generals Wille – ein Zentralremontendepot in Bern. Bis zur Auflösung der Regie hieß es Eidgenössisches Kavallerie-Remontendepot. Dann erhielt sie den Namen Eidgenössische Militär-Pferde-Anstalt, kurz EMPFA.

Die ersten Stallungen des Depots bestanden aus vier im Jahre 1897 errichteten Holz-

rer, die höchste internationale Erfolge errangen. Diese großen Sporterfolge waren allerdings immer nur Ergänzung zur täglichen Arbeit, die der Ausbildung der Remonten für die Schweizer Kavallerie galt.

Folgende Seiten:

Links oben: Die Geschirrkammer mit ihren luxuriösen Geschirren.
Rechts oben: Talentierte Remonten werden von erfahrenen und international erfolgreichen Bereitern bis zur Hohen Schule ausgebildet.
Unten Mitte: Oberst Haccius, Kommandant des Depots in den Zwischenkriegsjahren, war während dieser Zeit ein äußerst erfolgreicher Equipenchef der Schweizer Springreiter, die er jeweils vor einem Auslandstart im Areal an der Papiermühlestraße schulte.

baracken, von denen heute noch zwei stehen. Zwischen 1904 und 1908 wurden, nun aus Backstein, die Ställe 5 bis 13 und, in den zwanziger Jahren, die Ställe 14 bis 17 erbaut.

Ähnlich stufenweise ging man bei der Kuranstalt vor. Zwar gab es gleich zu Beginn in der Nähe des Depotareals Krankenstallungen und eine Apotheke. Aber erst 1912 wurde eine Operationshalle errichtet, und 1935 wurde die Kuranstalt durch weitere Krankenstallungen und ein Laboratorium erweitert.

Zur Angewöhnung der mehrheitlich ausländischen Remonten wurde 1891 eine Akklimatisationsstation in Hofwil eingerichtet. Da sie sich bald als zu klein erwies, zog man 1904 in den «Sand» bei Schönbühl, wo zunächst 370, später 490 Pferde aufgenommen werden konnten.

Im ersten Jahrzehnt dieses Jahrhunderts wurde die Reitbahn I erbaut. Im Jahr 1928 folgte Reitbahn II und nach 1940/41 die Reitbahn III. Das Werkstattgebäude für Schmiede und Wagnerei wurde in den Jahren 1926/27 errichtet, die Wagenremise in den Jahren 1931/32.

Zu Beginn des Zweiten Weltkrieges besaß das Depot Stallungen für 1100 Pferde. Neben den drei Reitbahnen waren zwei Springgärten mit den berühmten Wällen eingerichtet, die

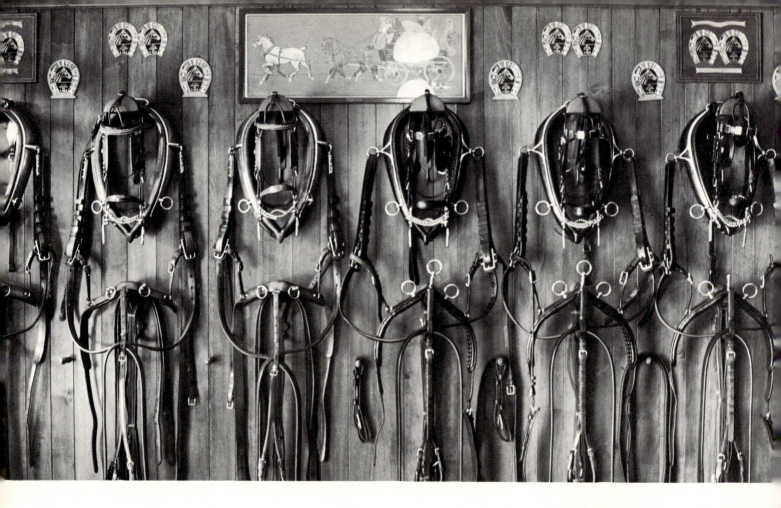

der damalige Kommandant, Major Poudret, nach seiner Rückkehr von der italienischen Kavallerieschule in Jahre 1908 erbauen ließ. Im Jahre 1890 waren im Depot knapp 30 Mann beschäftigt, 1972 war der Personalbestand auf rund 500 angewachsen.

Die Aufgaben des Depots umfaßten im wesentlichen die Akklimatisation und die Vorbereitung der Remonten für die Remontierungskurse, die Ausbildung der Remonten und schließlich die Abgabe und den Verkauf an Offiziere, Unteroffiziere und Soldaten. Als weitere Aufgaben kamen hinzu: die Beobachtung, Korrektur und Behandlung der Bundespferde, die Ausrangierung von dienstuntauglichen Bundespferden und der Unterhalt der Depotpferde, mit denen die Schulen und Kurse dotiert werden mußten.

In den ersten Jahrzehnten seines Bestehens stand das Depot als Ausbildungsstätte von Miliz-Dienstpferden im Schatten der glorreichen königlichen und kaiserlichen Kavallerieschulen der Nachbarländer und wurde kaum beachtet. Das änderte sich nach dem Ersten Weltkrieg, nicht zuletzt als Folge der wachsenden Bedeutung des internationalen Pferdesports.

Die großen Schweizer Erfolge vor allem der Spring- und Military-Reiter in den zwanziger und dreißiger Jahren machten die Reiterwelt auf die beiden Schweizer Ausbildungsstätten aufmerksam.

Nach dem Zweiten Weltkrieg waren es die Schweizer Dressurreiter, die die nunmehrige EMPFA im internationalen Pferdesportgespräch behielten. Dazu kam, daß die Schweiz zu den wenigen Ländern gehörte, die noch eine Kavallerie besaßen. Die EMPFA wurde so zu einer eigentlichen Bewahrungsstätte der klassischen Reitkunst.

Ende der sechziger Jahre schließlich machten die internationalen Erfolge der Schweizer Fahrer die EMPFA auch zu einem Zentrum der Förderung und Erhaltung der Fahrkunst.

All dies gab der EMPFA eine über die militärische Wichtigkeit hinausgehende internationale Bedeutung. Durch die Abschaffung der Kavallerie wurde dies in Frage gestellt. Im Winter 1973 beschloß der Bundesrat, die EMPFA an der Papiermühlestraße in Bern zu schließen und den reduzierten Pferde- und Personalbestand in die einstige Akklimatisierungsstation «Im Sand» bei Bern zu überführen. Diese neue Klein-EMPFA soll 80 Bedienstete und 140 Pferde umfassen und den Bedürfnissen der Train- und Veterinärtruppen dienen. Ihr soll eine Lehrabteilung angegliedert werden.

Es ist zu hoffen, daß auch der Geist der EMPFA und die dort erfolgte sorgfältige Ausbildung von Pferd und Reiter – dies im Gegensatz zum oft schnellebigen Erfolgsstreben des zivilen Spitzensports – in den «Sand» hinübergerettet werden kann. Und es ist zu hoffen, daß durch die heutige Popularitätswelle des Reitens, die den Pferdebestand in vielen Ländern stetig wachsen läßt, keine Lücke in der soliden Ausbildung von Pferd und Reiter entsteht.

Der Fehler vieler Länder, die sich in den Nachkriegsjahren nach Abschaffung der Kavallerie nicht oder nur ungenügend um einen zivilen Ausbildungsersatz bemühten, sollte in der Schweiz nicht begangen werden. Sie hat die Chance, den Übergang nahtlos zu vollziehen: mit einer großzügigen Realisation der Klein-EMPFA «Im «Sand» als pferdesportliches Magglingen und einer klaren zukunftsorientierten Zielsetzung der maßgebenden Verbände.

Die Kavallerieverbände

Die Kavallerieverbände spielten die entscheidende Rolle in der außerdienstlichen Tätigkeit der Schweizer Kavallerie. Nach dem Zweiten Weltkrieg erhielten sie eine zusätzliche Aufgabe, als es galt, die Kavallerie als Bestandteil der Schweizer Armee zu erhalten. In jener Zeit wurde die Reiterstandarte geschaffen: das Schweizerkreuz auf grünem Tuch als Farbe der Gefahr wie der Hoffnung.

Dreimal griffen die großen Kavallerieverbände entscheidend in die Geschichte der Schweizer Kavallerie ein. Zuerst in der zweiten Hälfte des 19. Jahrhunderts, nach den Militärorganisationen von 1850 und 1874, als sie in vorderster Front den Wehrwillen des Schweizer Volkes stärkten und wesentlich am Aufbau einer eidgenössischen Kavallerie beteiligt waren.

Nach der Jahrhundertwende intensivierte sich die außerdienstliche Tätigkeit, die in der Folge zur eigentlichen Hauptaufgabe der Kavallerieverbände und ihrer Sektionen wurde und deren militärischer Wert außerordentlich groß war. Eine weitere bedeutsame Aufgabe, parallel zu der fruchtbaren Förderung der Kavallerieausbildung außerhalb des Dienstes, fanden die Kavallerieverbände in den drei Jahrzehnten nach dem Zweiten Weltkrieg, als sie in drei fast monumentalen Auseinandersetzungen um die Erhaltung der Kavallerie kämpften.

Als Ende 1972 der Kampf endgültig verloren war, begann in den Verbänden mit ihren nahezu 200 Sektionen ein zweckorientiertes Umdenken auf eine Förderung des zivilen Reitsports hin, eine Anpassung, die wenig später bereits ihre ersten Früchte trug.

Der älteste der großen Kavallerieverbände ist der Ostschweizerische Kavallerieverein (OKV). Er wurde am 25. Mai 1856 im sanktgallischen Wil von zehn Kavallerie-Offizieren als «Kavallerieverein der östlichen Schweiz» gegründet. Der Zweck wurde mit der «Förderung der kavalleristischen Ausbildung außer Dienst und der Pflege des kameradschaftlichen Geistes» umschrieben. An der ersten Hauptversammlung im April des folgenden Jahres in Zürich nahmen neben 18 Offizieren auch sechs Unteroffiziere und ein Reiter teil. Sie kamen aus sieben Kantonen. Im Jahre 1859 umfaßte der Verband bereits 13 Kantone. Als die von den Ostschweizern zum Beitritt aufgeforderten Berner sich im Jahre 1860 in der Bernischen Kavallerie-Offiziersgesellschaft (BKOG) zusammenschlossen, erhielt der vier Jahre alte Ostschweizer Verein seinen noch heute gültigen Namen.

In den ersten Jahrzehnten seines Bestehens beschränkte sich die Tätigkeit des OKV darauf, die Bundesbehörden in Fragen der Rekrutierung zur Kavallerie und der Hebung des Ausbildungsstandards zu beraten. Ausrüstungs-, Bewaffnungs- und Bekleidungsfragen wurden diskutiert, man arbeitete Empfehlungen aus, so über die Eröffnung einer militärischen Reitschule, über die Verlängerung der Remontenkurse oder über die Einführung von Unteroffiziersschulen. Erst im Jahre 1878, also vier Jahre nach der Einführung des Bundesheeres und damit der Erfüllung vieler Forderungen, begann man sich auf die außerdienstliche Tätigkeit zu konzentrieren. Es wurden Reitvereine auf freiwilliger Basis gegründet.

Die seit dem Jahre 1860 in der BKOG organisierten Berner Kavallerie-Offiziere diskutierten an der Generalversammlung von 1865 über die Gründung eines Zentralschweizerischen Kavallerievereins, der dann auch gegründet wurde. Der Obmann der BKOG war anfänglich auch Präsident des ZKV. Die neue

Organisation entwickelte bald eine rege Tätigkeit. Im Jahre 1866 legte der ZKV der Regierung des Standes Bern ein Instruktionsreglement für den Waffenchef der Kavallerie des Kantons Bern vor, und in den Jahren der Grenzbesetzung 1870/71 beklagte man sich beim Berner Großen Rat über eine «haarsträubende» Ausrüstung der Dragoner. Im Jahre 1874 ernannte der ZKV seine ersten Ehrenmitglieder: die Bundesräte Welti und Scherrer.

Gleichzeitig mit dem OKV beschloß auch der ZKV im Jahre 1878, die Bildung von Reitvereinen auf freiwilliger Basis zu fördern. Wenige Jahre später kam vom ZKV dann die Anregung zur Abhaltung von Schweizer Kavallerie-Offizierstagen. Im Jahre 1893 löste sich der ZKV von der BKOG. Die außer-

Für die drei größten Regionalverbände waren die folgenden Anlässe die eigentlichen Höhepunkte ihrer Arbeit: Das «Luegschießen» (unser Bild) für den ZKV, die Vielseitigkeits- und Schießprüfung für den OKV, der «Concours de Patrouilles» für die DGM.

dienstliche Tätigkeit trat in den Vordergrund: Distanzritte, Schießübungen und, in unserem Jahrhundert, pferdesportliche Konkurrenzen wie Springen, Rennen und Military. Vor allem dem Schießen wurde ein immer breiterer Raum gegeben, da man erkannte, daß die Kavallerie nur als berittene Infanterie eine Existenzberechtigung hatte. So wurde im OKV seit 1896 abwechslungsweise jedes Jahr ein Militärreiten und ein Kavallerieschießen abgehalten, und im Jahre 1929 führte der ZKV im Emmental erstmals das «Lueg»-Schießen durch, das zur bedeutendsten Kavallerieveranstaltung der Schweiz wurde. Mit der Gründung des «Schweizer Kavalleristen» wurde im Jahre 1910 ein Sprachrohr der Kavallerieverbände geschaffen, das sich zur weltweit geachteten Pferdesportzeitschrift entwickelte.

Im Jahre 1905 gründeten Waadtländer Kavalleristen die Société des Dragons, Guides et Mitrailleurs du Canton de Vaud (DGM), die mit ihren 17 Sektionen neben den rund 80 des ZKV und rund 70 des OKV zum dritten großen Kavallerieverband der Schweiz wurde. Neben der außerdienstlichen Tätigkeit bezweckte der DGM vor allem die Pflege der Kameradschaft. Daher, und auch aus Abneigung gegen «die Offiziere mit zuviel preußischem Geist, die ihre Nasen zu hoch halten», wurden nur Unteroffiziere und Soldaten aufgenommen, eine Aufnahmepolitik, die sich erst nach dem Ersten Weltkrieg änderte. Im Jahre 1911 wurde dann mit dem «Dragon Romand» das offizielle Organ des DGM geschaffen. Das jährliche Großereignis des DGM ist der Patrouillenritt.

Die Geschichte des Schweizer Pferdesports

Ein strahlender Hptm Paul Weier freut sich über die erste Europameisterschaftsmedaille, die je ein Schweizer errungen hat: dritter Platz mit dem Schimmel Wulf im Jahre 1971 in Aachen. Fünf Jahre zuvor, an der Europameisterschaft in Luzern, war er mit seinem 4. Rang bester Europäer gewesen; die Medaillen gewannen drei Nichteuropäer, die damals noch startberechtigt waren. Im Jahre 1973 gewann Paul Weier, diesmal auf Fink, den Großen Preis von Aachen.

Tag für Tag, Jahr um Jahr werden in den Reitschulen, auf den Concoursplätzen und auch in der Politik neue Kapitel geschrieben, werden Schlußpunkte unter Unabänderliches gesetzt – und «schwarze Tage» entpuppen sich in der Rückschau als Marksteine, ohne die sich die Sportreiterei nie zur heutigen Form und Eigenständigkeit hätte entwickeln können. Ein solch tiefgreifender Wendepunkt war 1972 der Beschluß unserer Landesregierung, die Kavallerie abzuschaffen.

In früheren Jahren holten sich die berittenen Rekruten ihre Reitausbildung in den Rekrutenschulen, Unteroffiziers- und Offiziersschulen und genossen damit einen Intensivunterricht, wie er heute, auf ziviler Basis, einfach unmöglich ist. Allerdings kam die Wende nicht ganz abrupt, vielmehr vollzog sich der Wechsel allmählich, und zwar einerseits mit der sprunghaften, konjunkturbedingten Zunahme der Hobby- und Sonntagsreiterei, andererseits, indem sich die Militärorgane je länger je weniger mit der Ausbildung und Förderung zum Spitzensport befaßten. Waren vor 20 Jahren die Rotröcke auf Concours noch die – kaum geduldete – Ausnahme, so beherrschen sie seit einigen Jahren fast vollständig die Szene auf den Concoursplätzen. Und obschon sie vielleicht als ehemalige Dragoner oder Offiziere ihre Ausbildung beim Militär erhielten, liegt ihre weitere Förderung, das Training und die Spezialisierung schon seit längerer Zeit in den Händen privater Ausbildner. Hingegen ist das Problem der einheitlichen, intensiven Schulung, das Vermitteln von Grundwissen, wie es die Rekrutenschule bot, noch nicht gelöst. Und dies, obschon die Schweiz über viele gute Reitschulen verfügt, an denen mehrheitlich ausgebildete Reitlehrer unterrichten. Da sich die Reitinstitute alle in privaten Händen befinden, ist es praktisch unmöglich, eine einheitliche Reitdoktrin ultimativ durchzusetzen, vielmehr muß der Weg über das Lehrpersonal gesucht und gefunden werden. Das Militär hat den erfolgversprechenden Pfad gewiesen – die Zukunft wird zeigen, ob die zivilen Instanzen es verstehen, diesen Pfad so weit auszubauen, daß er für alle gangbar wird, für Spitzensportler wie für Sonntagsreiter und auch für die Berufsreiterei.

PAUL WEIER

Das Springen

Die «Hauser-Matte» an der Halde in Luzern, wo im Juli 1909 der erste internationale Concours Hippique auf Schweizer Boden durchgeführt wurde, etablierte sich schon bald als einer der bedeutendsten Concoursplätze Europas. Es gibt kaum einen Reiter von Weltklasse, der nicht auf der Halde geritten ist. Vor dem Ersten Weltkrieg erlebten dort die Schweizer Offiziere ihre internationale Feuertaufe.

Rechts: Kavallerie-Oblt Zellweger auf Buette beim Aufsprung auf einen der berühmt gewordenen Luzerner Wälle.
Unten: 1913 in Luzern, einige der Persönlichkeiten, die in den Pionierjahren der Schweizer Reiterei in Luzern das Gesicht gaben. Von links nach rechts: Alphonse Bauer, Sekretär des Schweizer Rennvereins; Paul Heil, der bekannte deutsche Springreiter; Oblt Bernhard Hammer, ehemaliger Präsident des ZKV; Major Richard Vogel, Waffenchef der Kavallerie; Charles E. Cornaz, einer der besten Zivilreiter der Pionierjahre; Oberstlt Alfons Schué, späterer Waffenchef der Kavallerie; Major Richard Ziegler, Kommandant der Regie; Major Albert de Tscharner, der letzte «Reisläufer», mehrfach ausgezeichneter Offizier der Fremdenlegion im Ersten Weltkrieg.

Die Schweizer Reiter errangen ihre ersten internationalen Erfolge im Springsattel. Bereits vom ersten Auslandsstart beim internationalen Militärturnier im April 1921 in Nizza wurde einer der begehrtesten internationalen Preise nach Hause gebracht: der Große Preis von Nizza, gewonnen von Hauptmann Charles Kuhn auf Gecko.

Die Schweizer Springreiter gehörten vor allem in den zwanziger Jahren zu den Besten der Welt. Diese Erfolgsperiode wurde 1930 mit dem dritten und damit endgültigen Gewinn des Aga-Khan-Cups in Dublin gekrönt.

Der Schweizer Sieg im Nationenpreis von 1967 in Rom und Paul Weiers Triumph auf Fink im Großen Preis von Aachen sechs Jahre später bildeten den Abschluß eines halben Jahrhunderts großer Erfolge von Schweizer Offizieren im internationalen Springsport.

Henri Poudret und Ernest Haccius, beides Kommandanten des Eidgenössischen Kavallerie-Remonten-Depots in Bern, waren die Wegbereiter dieser Erfolgsbilanz. Henri Poudret absolvierte im Jahre 1908 als erster Schweizer Offizier einen Reitkurs an einer ausländischen Kavallerieschule, und zwar in Tor di Quinto bei Rom. Beeindruckt vom dortigen Reiten über dem Gelände angepaßte Hindernisse ließ er nach seiner Rückkehr im Depot einen Springgarten mit den gleichen natürlichen Hindernissen bauen.

Poudret war vor dem Ersten Weltkrieg auch der erfolgreichste Schweizer Teilnehmer am 1909 erstmals durchgeführten internationalen Concours Hippique von Luzern. Seine Erfolge im Sattel, seine Position als Kommandant des Depots, seine Ausbildung in Tor di Quinto und nicht zuletzt seine Persönlichkeit machten Poudret zum eigentlichen Wegbereiter des Schweizer Pferdesportes.

Ernest Haccius wurde in den zwanziger und dreißiger Jahren der Bewahrer dieses Erbes. Im Jahre 1914 hatte er als Hauptmann auf Mascarille in Luzern den ersten Schweizer Sieg in einer internationalen Prüfung errungen. Nach dem Ersten Weltkrieg, nun als Kommandant des Depots, wurde Haccius als Equipenchef der Schweizer Springreiter und als Parcoursbauer in Luzern eine der bedeutendsten Persönlichkeiten des internationalen Reitsports der Zwischenkriegsjahre, der großen Jahre der Offiziersequipen. Haccius hatte Verständnis für alle Sparten des internationalen Pferdesportes und stellte unter oft schwierigen Verhältnissen immer wieder erfolgreiche Schweizer Equipen zusammen.

Die Ursprünge des nationalen Schweizer Springsportes gehen auf das Jahr 1900 zurück, wo die erste Schweizer Springkonkurrenz im Rahmen der von der «Société pour l'amélioration de la race chevaline de Yverdon» durchgeführten Rennen abgehalten wurden. Die Springkonkurrenz führte über sechs Hindernisse: Mauer, Graben und 4 Hürden. Die Prüfung gewann Max de Rham auf Ménélik.

Im Jahre 1901 siegte der Kavallerieleutnant L. W. Ramus auf Manfred, ein Paar, das in den folgenden Jahren weitere Erfolge errang, so

Luzern vor dem Ersten Weltkrieg. Siegerehrung im Armeepreis von 1912: Der Sieger, Hptm Walo Gerber mit Espoir; der Zweitplazierte Lt Hermann Lauper mit Cera; dann Major Henri Poudret, Dritter und Vierter mit Cork und Betty; der Fünftplazierte Hptm Hans Bossart mit Fire Fly und der Sechstplazierte Lt Jack de Charrière de Severy.

Unten: Major Henri Poudret, der erfolgreichste Schweizer Offizier vor dem Ersten Weltkrieg und damals Kommandant des Depots in Bern, auf seinem Schimmel Cork beim Absprung vom Großen Erdwall.

Schweizer Offiziere vor dem Ersten Weltkrieg:

Ein Jahr vor dem ersten Luzerner Concours Hippique war Major Henri Poudret von der italienischen Kavallerieschule in Tor di Quinto in die Schweiz zurückgekehrt, um das Kommando des Depots in Bern zu übernehmen. Der Einfluß seiner italienischen Lehrer, vor allem des Caprilli-Schülers Bolla, ist auch bei den jüngeren Offizieren unverkennbar. Die Aufnahmen aus den Jahren 1909–1914 zeigen bereits Ansätze des italienischen Stils, auch wenn die weiche Eleganz Poudrets noch weitgehend fehlt.

Oben links: Lt Jack de Charrière de Severy auf Givonne.

Oben rechts: Oberst Richard C. Vogel, der spätere Waffenchef der Kavallerie.

Mitte links: Lt Eduard von Wattenwyl.

Mitte rechts: Lt Bernhard Hammer auf Faveur.

Unten links: Hptm Walo Gerber auf Timbria.

Unten rechts: Georges Walter auf Little Mary.

Dreimal über den Wassergraben in Luzern: unten links Major Werner Fehr im Jahre 1921 auf Thekla, und daneben Hptm Hans E. Bühler auf Reck, ebenfalls im Jahre 1921.

Rechts: Major Charles Kuhn auf der Schimmelstute Colette im Jahre 1929 in Luzern. Mit dem gleichen Pferd hatte Charles Kuhn ein Jahr zuvor die internationale Military von Nizza gewonnen und war auch in verschiedenen Offiziersrennen erfolgreich.

im Jahre 1903 im begehrten Hochsprung-Championat von Yverdon über 1.50 Meter.

In den Jahren bis zum Ersten Weltkrieg nahm die Zahl der Springkonkurrenzen rapide zu. 1909 wagte man sich in Luzern an die Ausrichtung eines internationalen Concours Hippique. Der Renn-Club Luzern, mit seinem Präsidenten Emanuel Müller und Heinrich Endemann, machte die «Hauser-Matte» an der Halde innerhalb weniger Jahre zu einem alljährlichen Treffpunkt der bekanntesten Reiter jener Zeit.

An der Halde hatten die Schweizer Offiziere einen schweren Stand. Zwar klassierten sich 1909 im Eröffnungspreis Leutnant Oscar Sallmann, Leutnant Charles Von der Weid und Major Henri Poudret hinter dem französischen Sieger. Aber in den nächsten Prüfungen und in den folgenden Jahren war die ausländische Konkurrenz doch übermächtig. Erst im «Prix d'Adieu» von 1914 glückte Hauptmann Haccius auf Mascarille wieder ein Sieg. Der Parcours dieser Prüfung war 800 Meter lang und enthielt Hindernisse bis zu 1.35 Meter Höhe sowie einen vier Meter breiten Wassergraben.

Im Jahre 1921 erlaubte der damalige Waffenchef der Kavallerie, Oberst Favre die Beschickung des damals erstmals durchgeführten Concours Hippique von Nizza mit einer Schweizer Equipe. Unter Führung von Ernest Haccius bildeten der spätere Kommandant der Regie, Max Thommen, der auch als Rennreiter erfolgreiche René de Ribaupierre und der wohl erfolgreichste Schweizer Springreiter der Zwischenkriegsjahre, Charles Kuhn, die Equipe, die im Nationenpreis Vierte wurde. Die eigentliche Sensation lieferte aber Charles Kuhn mit seinem Sieg im Großen Preis.

In den folgenden zwei Jahrzehnten wurde die Schweizer Offiziersequipe – teilweise Berufsoffiziere von Depot und Regie, teilweise Milizoffiziere – zu einem geachteten Gegner auf Europas Concoursplätzen. Der Ruf der Schweizer Reiter war so gut, daß im Mai 1926 eine Equipe an das Hallenturnier von New York eingeladen wurde; sämtliche Transport- und Verpflegungskosten hätte der Veranstalter getragen. Leider wurde dieser Einladung keine Folge geleistet.

Zwischen 1921 und 1940 siegte die Schweizer Equipe in rund 60 Nationenpreisen neunmal, wurde achtmal Zweite und dreizehnmal Dritte. Die wertvollsten Siege waren der dreimalige und damit endgültige Gewinn des Aga-Khan-Cups in Dublin in den Jahren

Fünf Schweizer Offiziere, die in den Zwischenkriegsjahren zu den großen Erfolgen der Schweizer Springreiter beitrugen.

Unten links: Oblt Alphonse Gemuseus, im Jahre 1924 mit Lucette Olympiasieger in Paris.

Unten rechts: Hptm Louis Dégallier, der in über 30 Nationenpreisen mit der Schweizer Equipe ritt.

Rechte Seite:
Oben rechts: Lt Eugen Steinmann, in den sechziger Jahren erfolgreicher Equipenchef der Schweizer Springreiter.

Oben links: Lt Jean Haecky, der zwischen 1929 und 1934 fünfmal in siegreichen Schweizer Nationenpreis-Equipen stand.

Unten: Oblt Arnold Mettler auf Sekretär, im Jahre 1931 Sieger im Preis von Monaco in Nizza. Bis in die Mitte der fünfziger Jahre vertrat Arnold Mettler die Schweizer Farben im Ausland erfolgreich.

1926, 1927 und 1930, sowie der Gewinn der Nationenpreise von Nizza in den Jahren 1931 und 1934. Das Jahr 1927 war das erfolgreichste: Die Equipen mit Charles Kuhn, Fred Lambelet, Pierre de Muralt, Henri Von der Weid, Alphonse Gemuseus, Heinrich Hersche, René de Ribaupierre und Max Thommen gewannen die Nationenpreise von Genf, Brüssel und Dublin und wurden in Luzern Zweite.

Einen ihrer größten Tage erlebte die Schweizer Reiterei am 27. Juli 1924 bei den Olympischen Spielen in Paris, wo Leutnant Alphonse Gemuseus auf Lucette Olympiasieger wurde und die Equipe mit Alphonse Gemuseus, Werner Stuber, Hans E. Bühler und Henri Von der Weid in der Mannschaftswertung die Silbermedaille errang.

In den Nachkriegsjahren hatten die Schweizer Offiziere Mühe, den Anschluß an die Weltspitze in einem Sport zu finden, der sich in der ersten Hälfte der fünfziger Jahre in seinen Anforderungen rapid wandelte. Die Grundlagen des heutigen, von vielen alten Kavalleristen verpönten «Springzirkus» wurden gelegt, indem an die Stelle des harmonischen Vorwärtsreitens störende, oft unnatürliche Distanzen, verwirrende Linienführung und anspruchsvollere Hindernis-Kombinationen traten. In vielen Ländern, in denen die Kavallerie während oder nach dem Zweiten Weltkrieg abgeschafft worden war, kamen Reiter an die Spitze, die sich auf die veränderten Anforderungen besser einstellten als die einer klassischen Reitkunst verhafteten Offiziere.

So auch die Schweizer. Immerhin gelangen ihnen in den fünfziger Jahren zwei Nationenpreis-Siege: 1953 im italienischen Pinerolo und 1957 im belgischen Le Zoute.

Eine Wiedererstarkung erfolgte in der ersten Hälfte der sechziger Jahre, als sich unter Führung des einstigen Equipenreiters, Eugen Steinmann, eine neue gemischte Equipe formierte, mit Hans Möhr, Paul Weier, Max Hauri, Frank Lombard und Arthur Blickenstorfer. Im Jahre 1965 ritt in der Equipe dann

Dublin 1930 und Rom 1967 sind zwei wichtige Stationen der Schweizer Springreiterei. An der Horse Show in Dublin gewann die Schweizer Equipe in den Jahren 1926, 1927 und 1930 den Aga-Khan-Cup, einen der begehrtesten Nationenpreise des internationalen Pferdesports. Die glücklichen Gewinner von 1930: Lt Hans Daetwyler mit Turgi, Major Charles Kuhn mit Corona (und dem endgültig gewonnenen Pokal im Werte von 20 000 Fr.) und Lt Louis Dégallier mit Notas.

Rom 1967 markierte den endgültigen Wiederanschluß der Schweizer an die internationale Spitzenklasse der Springreiter. Nach Paul Weiers Sieg im Großen Preis von 1966 siegte das Quartett Oberst Frank Lombard, Arthur Blickenstorfer, Monica Bachmann und Hptm Paul Weier 1967 im Nationenpreis. Unser Bild zeigt den Aufmarsch zur Siegerehrung auf der Piazza di Siena, einem der schönsten Concours-Plätze der Welt.

zum ersten Male eine Amazone, Monica Bachmann, seit 1971 die Frau Paul Weiers.

Im Jahre 1963 siegte die Schweiz im Nationenpreis von Genf mit der Equipe Hans Möhr auf Troll, Arthur Blickenstorfer auf Posilippo, Frank Lombard auf Japonais und Max Hauri auf Millview. Geschlagen wurden nicht weniger als neun Equipen, das größte Teilnehmerfeld, das sich je in Genf versammelt hatte. Im Jahre 1964 rechtfertigten ein Sieg in Luzern und ein zweiter Platz in Rom eine Beschickung der Olympischen Spiele in Tokio. So flogen im Oktober 1964 zum ersten Mal in der Geschichte des Schweizer Pferdesportes Pferde nach Übersee. Ein zehnter Platz durch Oberleutnant Max Hauri auf Millview und ein 14. Platz durch Hauptmann Paul Weier auf Satan III waren der Lohn.

Die letzten Jahre brachten den Schweizer Springreitern neue Triumphe. In Rom gewann Hauptmann Paul Weier auf Junker den Großen Preis von 1966 und ein Jahr danach siegte des Quartett Blickenstorfer, Bachmann, Weier und Lombard im Nationenpreis.

Zwischen 1969 und 1973 gewann die Schweizer Equipe vier Nationenpreise in Lissabon. In den Equipen ritten: die Hauptleute Paul Weier und Mario Baumgartner, Monica Bachmann, Ernst Eglin, Peter Reid, Kurt Maeder und Jürg Friedli. Im Jahre 1971 wurde Paul Weier auf Wulf Dritter der Europameisterschaft und zwei Jahre später gewann er mit Fink den Großen Preis von Aachen.

Die großen Erfolge der Schweizer Springreiter – bis 1940 alle in Uniform – brachten die Schweiz mit ihrer Milizarmee in die vorderste Front der großen Pferdesport-Nationen, wie Großbritannien, Frankreich, Italien und Deutschland. Zu diesen Erfolgen haben seit dem Zweiten Weltkrieg in gleichem Maße Offiziere wie Rotröcke und Amazonen beigetragen. Denn der Springsport war

Rechts: Hptm Max Müller, während vieler Jahre eine große Stütze der Schweizer Equipe, auf der «Hauser-Matte» in Luzern 1942.

Unten links: Oblt Alfred Blaser, einer der besten Stilisten unter den Schweizer Springreitern und ebenfalls sehr erfolgreich im Military-Sattel, auf Gilberto, in Bern 1943.

Unten rechts und darunter: Hptm William de Rham auf Va-Vite, beim Armeepreis an den Berner Pferdesporttagen und Hptm Alexander Stoffel auf Silver King, in Luzern 1958. Diese beiden Reiter vertraten die Schweiz an den Olympischen Spielen von Stockholm im Jahre 1956.

die erste der FEI-Disziplinen, die auch zivilen Reitern offen war. Zwischen den beiden Weltkriegen zählten die Schweizer Amazonen, wie Renée Schwarzenbach-Wille, Marussia Haecky und Annelies Stoffel-Schuster,

Rechte Seite: Oberst Frank Lombard, der fast drei Jahrzehnte lang zu den erfolgreichsten Schweizer Springreitern gehörte, auf Sapeur am nationalen Concours Hippique in Frauenfeld 1969.

zu den besten der Welt. In den Jahren 1948–1950 wurde ein Rotrock, Ernest Morf, Schweizer Springchampion; sein Sohn Victor gehörte in den fünfziger Jahren zur Schweizer Nationenpreis-Equipe. In den Jahren 1965 und 1970 triumphierte mit Monica Bachmann erstmals eine Amazone im Final des Schweizer Springchampionats über ihre männlichen Mitbewerber.

Mit dieser glücklichen Mischung erzielte die Schweizer Springreiterequipe in den letzten zehn Jahren außergewöhnliche Erfolge. Trotz großer Einzelerfolge bildete und bildet doch weiterhin die Equipe in den Mannschaftswettbewerben die schlagkräftigste Schweizer Vertretung.

Dies war auch die Stärke der von Oberst Haccius trainierten und geführten Offiziersequipe der zwanziger und dreißiger Jahre. Dessen Lehren eines kontrollierten Trainings und einer straffen Führung gelten noch heute. Nur damit kann das Handicap wettgemacht werden, daß in der Schweiz kaum Spitzenpferde aus einer eigenen Zucht stehen, gutdotierte Prüfungen eher rar sind und der Springsport nicht von einem so breiten Publikum getragen wird, wie dies in England oder der Bundesrepublik Deutschland der Fall ist.

Oblt Max Hauri auf Haiti (links) und Hptm Paul Weier auf Wulf (rechts), die beiden erfolgreichsten Offiziere im letzten Jahrzehnt der Schweizer Kavallerie, am gleichen Hindernis bei der Europameisterschaft 1971 in Aachen. Hptm Paul Weier wurde Dritter, Oblt Max Hauri Fünfter. Interessant sind die

gleichermaßen ins Auge fallenden Ähnlichkeiten, aber auch die vor allem bei Paul Weier auffallenden Eigenheiten: der im Gegensatz zu Max Hauri gebeugtere Rücken, die dadurch tiefer liegenden Hände und dann vor allem der für Paul Weier typische fliegende Schenkel.

Die Military

*Die Ursprünge der Military in der Schweiz gehen gleichermaßen auf Distanzritte wie auf Konditionsprüfungen zurück. Zu ihren ersten großen Vertretern gehörten Lt Alfred Schwarzenbach (oben) auf Blonde, Sieger im Distanzritt Sursee–Basel im Jahre 1905 und Hptm Walo Gerber (unten), noch mit dem Säbel reitend, auf Farmey während einer vom OKV im Jahre 1912 bei Zürich veranstalteten Konditionsprüfung.
Die erste internationale Military in der Schweiz wurde im Jahre 1927 in Luzern durchgeführt. Zu den Schweizer Teilnehmern, die sich bei einer fast olympischen Beteiligung vorzüglich hielten, gehörte der spätere Waffenchef der Leichten Truppen, Pierre de Muralt, auf unserm Bild während des Geländerittes auf Primrose.*

Die ersten Military-Prüfungen wurden in den ersten Jahren dieses Jahrhunderts in Frankreich, Italien und Belgien durchgeführt. Es waren Leistungsprüfungen für das Dienstpferd des Kavalleristen und standen bis in die zwanziger Jahre nur Offizieren in Uniform offen.

Die Formel, die man für die erste Military überhaupt, das Championnat du Cheval d'Armes des Jahres 1902 in Paris fand, bewährte sich bis auf die heutigen Tage. Sie bestand aus fünf Teilen: Dressur, Springen, Dauerritt, Rennbahngalopp und Geländeritt, wobei seit den zwanziger Jahren die Dressur die Drei-Tage-Prüfung eröffnet und das Springen sie beschließt, mit den drei Geländeprüfungen als eigentliche Pièce de Résistance am zweiten Tag.

In der Schweiz gab es vor dem Ersten Weltkrieg keine Military-Prüfungen, dagegen Konditionsprüfungen, in denen Teile der Military-Anforderungen verlangt wurden.

Die erste Military auf Schweizer Boden wurde im Jahre 1919 in Thun durchgeführt. Sie bestand aus einer einfachen Dressurprüfung (Abteilungsreiten in den drei Gangarten), einem Geländeritt über 8 km mit einer Reihe von Hindernissen bis zu 1,10 m Höhe und einer Zeitlimite von 30 Minuten, sowie einem Jagdspringen mit zehn Sprüngen bis 1,10 m Höhe.

Es war eine Ein-Tag-Prüfung, die um sieben Uhr morgens in der Reitbahn der Regie begann. 13 Reiter starteten zu dieser Prüfung, elf beendeten sie, Hauptmann Werner Fehr auf Thekla als Sieger vor Leutnant Charley Stoffel auf Gouverneur.

In der Folge wurden fünf Offiziere, die Hauptleute Werner Fehr und Charles Kuhn und die Oberleutnants Henri Von der Weid, Max Thommen und Charley Stoffel ausgewählt, für die Military der Olympischen Spiele von 1920 in Antwerpen zu trainieren. Dauerritte um den Thunersee und Temporitte im Springgarten der Regie dienten als Vorbereitung. Kurz vor der Abreise jedoch wurde die Reisebewilligung entzogen: in Belgien herrschte die Rinderpest. So fand das olympische Debut der Schweizer Military-Reiter erst im Jahre 1924 statt und dies mit einem hervorragenden vierten Platz des Quartetts Hauptmann Hans E. Bühler auf Mikosch, Oberleutnant Charley Stoffel auf Kreuzritter, Major Werner Fehr auf Prahlhans und Hauptmann René de Ribaupierre auf Adel.

Bereits zuvor hatten Schweizer Offiziere im Military-Sattel ihre internationale Feuertaufe mit bemerkenswerten Erfolgen an der jährlich stattfindenden Military von Nizza erlebt. So errang im Jahre 1922 Hauptmann Hans E. Bühler auf Mikosch den zweiten Platz, und Major Walo Gerber, der auf Alwine den Distanzritt über 26 km in 52 Minuten und 34,4 Sekunden als Schnellster beendete, wurde ausgezeichneter Sechster. Im Jahre 1924 konnte sich Major Werner Fehr auf Prahlhans gar als Sieger feiern lassen.

Im folgenden Jahr siegte Major Fehr, nun auf Fleurette, in der internationalen Military von Hilversum, Leutnant Stoffel auf Kreuzritter wurde Dritter. Im Jahre 1927 organisierte der Renn-Club Luzern seine erste internationale Military, die mit 29 Reitern aus 10 Nationen olympisches Niveau hatte. Ihr Sieger, Prinz Sigismund von Preussen, verunglückte drei Tage danach tödlich bei einem Trainingsritt auf der Luzerner Allmend.

An den Olympischen Spielen von 1936 in Berlin wurde Leutnant Mario Mylius auf Saphir Achter, und 1939 in Turin erreichte Hauptmann Pierre Musy auf Murmillo den

Links: Die Military der Olympischen Spiele von 1936 in Berlin-Döberitz gilt als eine der bedeutendsten Vielseitigkeitsprüfungen, die je durchgeführt wurden. Berüchtigt war das Hindernis 4, der Teich, an dem viele Reiter ausschieden. Die drei Schweizer Teilnehmer kamen hier durch, darunter auch Hptm Pierre Mange auf Pedigree.

In den fünfziger Jahren erlebte die Schweizer Military-Reiterei eine Blütezeit. Zwei Reiter waren es, die die in den Vorkriegsjahren begründete Military-Verbundenheit der Schweizer Kavallerie auch international etablierten: Hans Schwarzenbach, Badminton-Sieger 1951, Europameister 1959 in Harewood und EM-Dritter 1953 in Badminton, sowie Anton Bühler, Olympiateilnehmer von 1948, von 1960 mit einer Bronzemedaille und von 1972.

Von oben nach unten: Hans Schwarzenbach auf Vae Victis im Jahre 1953 in Badminton. Lt Andrea Zindel auf Bussira bei einem spektakulären Hindernis 1953 in Badminton. Anton Bühler auf Gay Spark bei den Olympischen Spielen 1960 in Rom.

fünften Platz. Mitten im Krieg, im Herbst 1942, fuhr eine Schweizer Equipe nach Ungarn, wo in Klausenburg und Budapest internationale Turniere stattfanden. Dabei gewann Hauptmann Musy auf Basalt die Military.

Nach dem Zweiten Weltkrieg entwickelte sich die Schweizer Military-Tradition zu neuen Höhen. Hauptmann Hans Schwarzenbach gewann im Jahre 1951 auf Vae Victis als erster Bewerber des Kontinents überhaupt die Military im englischen Badminton und holte sich zwei Jahre später am gleichen Ort die Bronzemedaille des erstmals ausgetragenen FEI-Championats. Hauptmann Alfred Blaser gewann auf Sommartel die Military von Turin im Jahre 1947, wurde ein Jahr später auf Mahmud Elfter der Olympischen Spiele und 1950 auf Volpone Zweiter in Rotterdam. Leutnant Samuel Köchlin auf Madelon wurde im Jahre 1950 Zweiter in Kopenhagen und Fünfter in Rotterdam. Und Oberleutnant Anton Bühler schließlich wurde 1947 auf Amour Amour Dritter in Turin, 1951 auf Werwolf Vierter in Badminton und 1954 auf Uranus Vierter des FEI-Championats von Basel und im folgenden Jahr Sechster in Windsor.

Mit seinem Europameistertitel im englischen Harewood krönte Major Hans Schwarzenbach auf Burn Trout das Sportjahr 1959, und das Jahr 1960 brachte den Schweizer Tri-

Während sich der Military-Sport im Ausland immer mehr zur Domäne der Zivilreiter, nicht zuletzt der Amazonen, entwickelte, blieben in der Schweiz weiterhin die Kavalleristen führend. Im Jahre 1960 qualifizierte sich mit Wm Rudolf Günthardt ein Unteroffizier für das Olympiateam, das dann in Rom die Silbermedaille gewann.
Unten links: Wm Rudolf Günthardt auf Orphéon im Jahre 1963 bei der nationalen Military in Avenches.

Rechts: Die Schweizer Equipe am CCI in Colombier 1972 mit Joseph Burger, Alfred Schwarzenbach, Paul Hürlimann und Max Hauri.
Darunter: Paul Hürlimann auf Grand Times an der Europameisterschaft 1971 in Burghley.
Oben rechts: Joseph Burger auf Alison Anne im Jahre 1971 in Avenches.

umph an den Olympischen Spielen in Rom, wo Anton Bühler auf Gay Stark die Bronzemedaille im Einzel- und die Schweizer Equipe die Silbermedaille im Mannschaftswettbewerb gewannen. In der Schweizer Equipe ritt mit Wachtmeister Rudolf Günthardt auf Atbara erstmals ein Unteroffizier mit seinem Eidgenoss. Im folgenden Jahre gewann dieses Paar die internationale Military von Genf.

Zu den Olympischen Spielen des Jahres 1972 in München erhielten fünf Kavalleristen Fahrkarten: Hauptmann Paul Hürlimann, die Oberleutnants Alfred Schwarzenbach, Max Hauri und Anton Bühler und Wachtmeister Josef Burger. Die Equipe wurde dort gute Sechste.

Die Tatsache, daß die Schweizer Military-Equipe in München und wieder im Jahre 1974 an der Weltmeisterschaft in Burghley ausschließlich aus Kavalleristen bestand, wurde vom Ausland mit einigem Erstaunen vermerkt. Sie hatte ihre Ursachen zweifelsohne in den Impulsen, die von der EMPFA kamen, aber auch in der Förderung der Vielseitigkeitsreiterei in den Kavallerievereinen.

Durch die Abschaffung der Kavallerie entfällt die zweckorientierte außerdienstliche Tätigkeit der Kavalleristen. Andererseits wird die Vielseitigkeitsreiterei in einigen Ländern intensiv gefördert, so vor allem in Großbritannien, wo sie fast zum Volkssport wurde.

Um dennoch mit bescheideneren finanziellen Mitteln und reduzierter Unterstützung durch die militärischen Behörden auf internationaler Ebene mithalten zu können, bedarf es gewaltiger Anstrengungen. Hier liegt ein ideales Betätigungsfeld für die von der außerdienstlichen Verpflichtung entlasteten Kavallerie- und Reitvereine.

Die Dressur

*Adolphe Mercier, Oskar Frank und Hans Moser waren jene Reiter aus der Regie in Thun, die in den zwanziger und dreißiger Jahren die internationale Aufbauarbeit leisteten, die dann nach dem Zweiten Weltkrieg in beispiellosen Erfolgen der EMPFA-Bereiter gipfelte.
Unten: Hptm Mercier, Olympiateilnehmer in den Jahren 1924 und 1928, auf Knabe im «Pas Espagnol», einer Figur der Hohen Schule, die allerdings nie in den offiziellen Programmen geritten wurde.*

Von den drei Reitsportdisziplinen ist die Dressur – die hohe Schule der Reitkunst – zweifellos die älteste. Sie war aber die letzte, die als Wettkampfsport auf internationaler Ebene erfaßt wurde.

Vor dem Ersten Weltkrieg gab es jährlich ein Dutzend internationaler Springturniere und eine Handvoll internationaler Vielseitigkeitsprüfungen; aber kaum je internationale und nur wenige nationale Dressurprüfungen. Das galt auch für die Schweiz, wo es zwar bereits im Jahre 1900 in Yverdon eine sogenannte «Dressurprüfung für Reitpferde» gab. Aber der internationale Kontakt wurde erst im Jahre 1924 mit einer Teilnahme an den Olympischen Spielen in Paris gesucht.

Die Zwischenkriegsjahre brachten der Schweiz nur wenige internationale Erfolge. Zwar klassierte sich Hauptmann Henri Von der Weid beim Olympiadebut in Paris auf Uhlhard im siebten Rang, und an den internationalen Dressurprüfungen des Jahres 1927 in Luzern belegte Leutnant Werner Stuber auf demselben Pferd den fünften Platz im Grand Prix. Aber im Jahre 1930, im ersten Championat der Fédération Equestre Internationale in Luzern, belegten die hervorragendsten Vertreter der Schweizer Dressurreiterei in den zwanziger und dreißiger Jahren, Major Adolphe Mercier und Leutnant Oskar Frank, auf Knabe und Queen Mary nur hintere Ränge.

Auf der allerhöchsten Dressurebene, dem Grand Prix, brachten auch die dreißiger Jahre der Schweiz nur wenig Lorbeeren ein. Dafür gelangen vor allem dem späteren Olympiasieger, dem damaligen Leutnant Hans Moser, einige feine Resultate in FEI-Prüfungen des Prix St. Georges: so 1934 als Zweiter auf Nobs, dem späteren Pferd General Guisans, 1937 als Dritter auf Rebe und 1939 gar als Sieger auf Waran.

Der Durchbruch der Schweizer Dressurreiter zur absoluten Weltspitze erfolgte in den ersten Nachkriegsjahren. Den Anfang machte Hans Moser, nun Hauptmann, mit seinem vielbejubelten Olympiasieg auf Hummer im Jahre 1948 in London. Im folgenden Jahre, an den offiziellen FEI-Dressurprüfungen im belgischen Le Zoute, wurde Hauptmann Oskar Frank auf Cyprian FEI-Champion, und im Prix St. Georges belegten die Schweizer Reiter die ersten sechs Plätze. In der Equipe ritten zum ersten Male auch Unteroffiziere der Regie und des Depots. An den FEI-Prüfungen des Jahres 1951 in Bern und dann vor allem an den Olympischen Spielen von 1952 in Helsinki wurden die Unteroffiziere Gottfried Trachsel, Gustav Fischer und Henri Chammartin, alle Bereiter der EMPFA, zu den Begründern und Trägern einer Erfolgsperiode, die die Schweiz und mit ihr die von Oberst Henri Von der Weid kommandierte EMPFA zu einer Hochburg der Dressurreiterei machte.

In den Jahren 1951 bis 1968 errang dieses Trio zusammen mit dem EMPFA-Bereiter Hansruedi Thomi, einigen Offizieren wie Willy Grundbacher, Pierre Mange und Paul Weier, oder Amazonen wie Eva Bigler, Marianne Goßweiler und Christine Stückelber-

Rechts oben: Oskar Frank auf Oleander am internationalen Concours 1930 in Luzern.
Rechts unten: Hptm Hans Moser auf Hummer, ein Paar, das im Jahre 1948 in London die erste Dressur-Goldmedaille für die Schweiz errang. Vor dem Zweiten Weltkrieg hatte Hptm Hans Moser mit verschiedenen Pferden, unter anderem mit dem späteren Generalpferd Nobs, mit großen Erfolgen in den St.-Georges-Prüfungen der FEI konkurriert.

ger sechs olympische Medaillen (einmal Gold, dreimal Silber und zweimal Bronze) und stellten in den zwölf während dieser Jahre ausgetragenen FEI-Championaten fünfmal den Sieger, dreimal den Zweiten und fünfmal den Dritten.

Überragender Mann war Henri Chammartin, Olympiasieger von 1964 auf Woermann und fünfmaliger FEI-Champion der Jahre 1955, 1958, 1959, 1963 und 1965 auf Wöhler, Woermann und Wolfdietrich. Aber auch Gustav Fischer, auf Wald Silbermedaillengewinner der Olympischen Spiele von 1960, und Gottfried Trachsel, auf Kursus einmal Zweiter und dreimal Dritter in FEI-Championaten, hatten ihren Anteil an dieser Glanzperiode der Schweizer Dressurreiterei.

Die Gründe und Ursachen dieser Erfolge liegen zu gleichen Teilen in den Talenten der Berner Bereiter und, dank einer positiven Einstellung zum Leistungssport, in der optimalen Förderung der Dressurreiterei in einer auf die Grundausbildung der Remonten ausgerichteten Bundesanstalt. Damit führte die EMPFA eine großartige Tradition weiter, die ihre Ursprünge in den zwanziger und dreißiger Jahren in der Regie hatte.

Dort waren mit Adolphe Mercier, Oskar Frank, Max Thommen, Bernhard de Mestral und Hans Moser über die Landesgrenzen hinaus angesehene Dressurkönner tätig, die den Grundstock für die Blüte der Schweizer Dressurreiterei nach dem Zweiten Weltkrieg legten. Wesentlich bei dieser Förderung der Dressur war ein trotz beschränkten finanziellen Mitteln gezielter Einkauf der Remonten; seit dem Krieg hauptsächlich in Schweden.

Henri Chammartin, Gustav Fischer und Gottfried Trachsel machten in den fünfziger Jahren die Schweiz zu einer sportlichen Großmacht der Dressur.

Rechts: Die drei Berner Bereiter, Gewinner der Olympischen Bronzemedaille, beim Aufritt zur Siegerehrung 1956 im Olympiastadion von Stockholm.
Unten links: EMPFA-Bereiter Gottfried Trachsel 1955 in Wiesbaden.
Unten rechts: Bereiter Gustav Fischer auf Wald im starken Trab.

Folgende Seiten: Bereiter Henri Chammartin, der Olympiasieger von 1964 in Tokio, demonstriert auf Wolfdietrich einige Lektionen aus dem Programm des Großen Dressurpreises. Seite 121: Henri Chammartin auf Wolfdiedrich 1966 in Bern.

Lektion 2: Starker Trab

Lektion 10: Traversale nach rechts

Lektion 10: Traversale nach links

Lektion 16: Zweite Passage

Lektion 22: Galopptraversale links

Lektion 28: Galoppwechsel a tempo

Lektion 28: Galoppwechsel a tempo

Lektion 28: Galoppwechsel a tempo

Lektion 31: Fünfte Passage nach dem Zirkel

Das Fahren

Unten: Oberst Richard Ziegler, Kommandant der Regie in Thun, mit einem Viererzug vor den Stallungen der Regie im Jahre 1937, dem Jahre seines Rücktritts. Die Regie spielte in den Jahren vor dem Zweiten Weltkrieg eine bedeutende Rolle bei der Förderung des Fahrsports.

Während rund 340 Tagen im Jahr stand der Eidgenoss zu Hause und wurde, zumindest bis zum Zweiten Weltkrieg, fast ausschließlich in der Landwirtschaft, im Geschirr verwendet.

Dabei erkannten Kavalleriekreise sehr bald schon die Bedeutung einer soliden Fahrausbildung, die allein verhindern konnte, daß als Folge einer falschen Fahrweise die Pferde verdorben wurden.

Es war die EMPFA, die dabei die ausschlaggebende Rolle spielte. Sie beschränkte sich nicht nur auf die Fahrausbildung der Remonten vor ihrer Abgabe an die Kavalleristen, sondern stellte ihre Fahrer für Fahrkurse zur Verfügung, die von Kavallerievereinen oder Pferdezuchtgenossenschaften organisiert wurden. Die EMPFA-Fahrer waren auch Richter an Fahrkonkurrenzen und trugen damit wesentlich zu einer Popularisierung des Fahrsports und zur Erhaltung und Verbreitung der Kunst des Fahrens bei.

Diese intensive Beschäftigung mit dem Fahrsport ließ bei der EMPFA Mitte der fünfziger Jahre den Entschluß reifen, zwei eigene Viererzüge an die internationalen Fahrprüfungen nach Aachen zu entsenden. Damit beteiligte sich die Schweiz erstmals im Ausland an einem Sport, der eine lange internationale Tradition besitzt. Denn schon vor dem Ersten Weltkrieg gab es in London und Paris international ausgeschriebene Viererzugprüfungen mit Dauerfahrten von bis zu 100 km, zu denen sogar amerikanische Gespanne über den Ozean kamen.

In der Schweiz wurden die ersten Fahrkonkurrenzen im Jahre 1923 in Zürich durchgeführt. Im Jahre 1924 folgte Amriswil, wo bis zum Jahre 1948 gefahren wurde. In den fünfziger Jahren ließ, als Folge der Mechanisierung in der Landwirtschaft, das Interesse am Fahrsport nach. Mitte der sechziger Jahre begann erneut mit tatkräftiger Unterstützung der EMPFA durch Oberstleutnant David Gerber, Chef des Fahrstalles und seinen Nachfolger, Major Roland de Weck, und durch die Oberfahrer Eduard Christenat und Gustav Frey, eine nationale Renaissance als Einleitung zu größten internationalen Erfolgen.

Im Jahre 1965 wurde im solothurnischen Nennigkofen das erste nationale Fahrturnier durchgeführt. Zwei Jahre später folgte Frauenfeld, dann im Turnus erneut Nennigkofen und wieder Frauenfeld. Im Jahre 1974 wurde das fünfte nationale Fahrturnier in Münsingen organisiert. Hier traten nicht weniger als acht Viererzüge an, die im gleichen Jahr alle an der Weltmeisterschaft in Frauenfeld teilnahmen. Nach dem erfolgreichen internationalen Debut der Fahrer Gustav Frey und Willy Houriet in den Jahren 1957 und 1958 in Aachen wurden erst im Jahre 1964 wieder EMPFA-Gespanne nach Aachen delegiert. Sechsmal siegten Fritz Rothacher und Auguste Dubey im begehrten Talbot-Preis, und je dreimal wurden sie als beste Viererzugfahrer ausgezeichnet.

Im Jahre 1969 endlich wurde der Fahrsport als vierte pferdesportliche Disziplin neben

Unten: 1957 startete erstmals ein Schweizer Gespann im Ausland. Gustav A. Frey, Oberfahrer der EMPFA, plazierte sich mit dem EMPFA-Viererzug in Aachen sehr ehrenvoll. Er sammelte dabei wichtige Erfahrungen, die er dann in der EMPFA und in zahlreichen Fahrkursen überall im Lande weitergab.

Unten: Der Mann mit der Melone, der Fahrrichter: Oberst Jakob Ruckstuhl, einer der Hauptverantwortlichen für die großartige Renaissance des Fahrsports in der Schweiz und seiner Anerkennung im Ausland.

Dressur, Military und Springen von der FEI anerkannt. Im folgenden Jahre organisierte der Renn-Club Luzern das erste internationale Fahrturnier auf der Basis des neu eingeführten FEI-Reglementes: mit einer Marathonfahrt von über 30 km als Zentrumsstück der Dreitageprüfung. Sechzehn Viererzüge traten an, darunter sieben Schweizer Gespanne.

Im Jahre 1972, an der in Münster ausgetragenen ersten Fahrer-Weltmeisterschaft wurde Auguste Dubey mit seinem EMPFA-Viererzug überlegen Weltmeister und gewann mit seinem Kameraden von der EMPFA, Hermann Mast, die Mannschafts-Silbermedaille. Ein Jahr später, an der Europameisterschaft in Windsor, erzielten Auguste Dubey und Robert Doudin vom Hengstendepot in Avenches einen Doppelsieg im Einzelklassement und den Mannschafts-Europameisterschafts-Titel.

Die zweite Weltmeisterschaft, im Spätsommer 1974 in Frauenfeld ausgetragen, wurde zu einer eindrucksvollen Demonstration des Fahrsports. Vor einem sachkundigen Publikum traten 34 Viererzüge aus elf Nationen an und über hundert Schweizer Gespanne zeigten ihr Können in Schaufahren. Von den neun an der Weltmeisterschaft beteiligten Schweizer Gespannen fuhr der 20jährige Privatfahrer Christian Iseli auf den hervorragenden zweiten Platz und Otto Fischer wurde Fünfter.

Diese Resultate bestätigten einmal mehr, daß der Fahrsport in der Schweiz dank der Förderung durch die EMPFA und durch so hervorragende Persönlichkeiten wie Oberst Jakob Ruckstuhl, Peter Bracher und Hektor Leuenberger, dem Direktor des Hengstendepots in Avenches, eine solide Basis besitzt. Sollten sich selbst einmal die EMPFA-Gespanne aus dem Leistungssport zurückziehen, so können die starken Hengstenviererzüge aus Avenches und die Privatgespanne die internationale Vertretung der Schweiz würdig und fraglos erfolgreich weiterführen.

Das Reit- und Fahrturnier in Aachen, seit Ende der zwanziger Jahre eines der bedeutendsten in Europa, pflegte von Anbeginn neben den Spring- und Dressurkonkurrenzen auch intensiv den Fahrsport. Seit 1957 zählt der Talbot-Preis, eine Gesamtwertung aller während der neun Tage in Aachen durchgeführten Fahrkonkurrenzen, zu den begehrtesten Preisen im internationalen Fahrsport. Nach der erstmaligen Teilnahme von Schweizer Gespannen mit den EMPFA-Fahrern Gustav A. Frey und Willy Houriet in den Jahren 1957 und 1958 gewannen die EMPFA-Fahrer Fritz Rothacher und Auguste Dubey den Talbot-Preis nicht weniger als sechsmal. Zudem wurden diese beiden Fahrer je dreimal als beste Viererzugfahrer ausgezeichnet. Eine Besonderheit der Hindernis-Fahrprüfung in Aachen ist die Durchfahrt des Sees, seit den Anfängen der Aachener Turniere ein spektakuläres Hindernis.

Dieses Hindernis durchfährt Fritz Rothacher (links) mit seinen Irländer-Schimmeln im Jahre 1968 und Auguste Dubey (rechts) mit seinem EMPFA-Viererzug im Jahre 1974. Beifahrer von Auguste Dubey ist Hermann Mast, ein ebenfalls international erfolgreicher EMPFA-Fahrer.

Nächste Seite: Robert Doudin vom Hengstendepot in Avenches, Zweiter der Europameisterschaft von 1973, bei der täglichen Arbeit mit den Halbbluthengsten des Hengstendepots. Doudin vertrat die Schweiz mit Erfolg auch an der Weltmeisterschaft von 1974 in Frauenfeld. Die wachsende Bedeutung von Avenches für den internationalen Fahrsport wurde nachdrücklich unterstrichen, als an der Weltmeisterschaft in Frauenfeld ein Viererzug mit Freiberger Hengsten, gefahren von Fritz Weyermann, ebenfalls mit Erfolg teilnahm.

Der Offizier im Rennsattel

Offiziersrennen sind in den letzten Jahren auf Schweizer Bahnen selten geworden. Aber vor dem Ersten Weltkrieg und in den dreißiger Jahren hatten sie internationale Bedeutung, und noch in den ersten Jahren nach dem Zweiten Weltkrieg waren sie ein fester Bestandteil eines Schweizer Renntages. Die Gründe für die einstige Bedeutung, wie für das Verschwinden, sind bekannt: Da die Schweiz keine eigene Vollblutzucht hatte, bildeten die Offiziersrennen in den Pionierjahren des Pferdesportes die eigentliche Grundlage des organisierten Rennbetriebes. Sie verloren an Bedeutung und verschwanden gänzlich, als nach dem Zweiten Weltkrieg die Offiziersremonten zu wenig Klasse besaßen, um für Rennen geeignet zu sein.

Die Offiziere in den goldenen Jahren der Offiziersrennen waren nicht nur Rennspezialisten – wie etwa Leutnant Hans Kauffmann, Hauptmann Hugo Laubi, Leutnant Heinrich Bebié, Leutnant Walter Suter und Hauptmann Fr. Steffen –, sie gehörten teilweise auch im Military- oder Springsattel zur Elite.

Offiziersrennen gehörten in den Zwischenkriegsjahren zu jedem Schweizer Renntag. Es waren mehrheitlich Cross Countries über Distanzen von bis über 4000 m. Hier Start im Jahre 1926 in Aarau:
Dritter von rechts der Sieger, Hptm Pierre de Muralt auf Voltiguer.
Dritter von links der Zweite, Major Charles Kuhn auf der Schimmelstute Colette.

Etwas vom Schönsten und Aufregendsten auf den Schweizer Rennplätzen waren die Dragoner- und Unteroffiziersrennen. Links: eine Aufnahme aus dem Jahre 1954 beim Hermes-Preis in Zürich. Rechts: Kampf um den 1. Platz im UFA-Preis in Münchenbuchsee.

Der Dragoner im Renn- und Springsattel

Gefördert von den großen Kavallerieverbänden, bildeten pferdesportliche Prüfungen für Unteroffiziere und Soldaten seit den ersten Jahren dieses Jahrhunderts einen festen Bestandteil pferdesportlicher Veranstaltungen in der Schweiz.

Die im Jahre 1910 abgehaltenen «Reiterspiele» in St. Gallen, Brugg und Solothurn widerlegten die damals noch vorherrschende Meinung, Springkonkurrenzen für Unteroffiziere und Dragoner ließen sich nicht durchführen. «Man war erstaunt über den Schneid und den frischen Reitergeist, mit dem Hindernisse bis zu 85 cm Höhe überwunden wurden», heißt es in einem zeitgenössischen Bericht.

Im Jahre 1923 führte dann der Ostschweize-

Das ganze Jahr über konnten sich Unteroffiziere und Dragoner in allen Landesteilen in Springkonkurrenzen und gelegentlichen Geländeprüfungen messen. Seit Ende der dreißiger Jahre führten die großen Verbände OKV, ZKV und DGM alljährlich ihre Championate durch, und seit dem Zweiten Weltkrieg gibt es gar Nationale Championate für Unteroffiziere und für Dragoner.

Linke Seite: Drag Hans Wehrli überspringt ein Hindernis der kombinierten Prüfung des Jahres 1959 auf der Hardwiese.
Unten links: Drag Hans Angst auf Wustrow ist auf dem Weg zum Sieg in einer Springprüfung des Jahres 1957 im Zürcher Oberland.
Unten rechts: Drag Ueli Grosjean überspringt im Jahre 1971 ein Hindernis in Emmetten auf Schnee.

rische Kavallerieverein in Wil die erste große Gebrauchsprüfung, eine eigentliche Military für Unteroffiziere und Soldaten durch, und kurz darauf wurden, unterstützt durch belehrende Aufsätze in Zeitschriften und Aussprachen über Anspannung und Fahren, die ersten Fahrkonkurrenzen veranstaltet.

Das zu jener Zeit ausgearbeitete Reglement für Preisspringen bestimmte für die Kategorie D – offen für Gefreite und Soldaten der Kavallerie, welche ihr Bundespferd oder dasjenige eines Kameraden reiten – acht bis zehn Hindernisse von bis zu einem Meter Höhe oder zwei Meter Breite.

Für die Kategorie U – offen für Unteroffiziere der Armee – waren zehn bis zwölf Hindernisse bis zu 1,10 m Höhe oder 2,50 m Breite vorgeschrieben.

Ende der dreißiger Jahre führte man Championatsprüfungen für Unteroffiziere ein. In diesen wurden sechs Hindernisse mit einer Anfangshöhe von 1,20 m oder einer Breite von drei Meter verlangt. Bei einem Stechen wurden zwei Hindernisse um 10 cm erhöht und eines um 50 cm erweitert.

Das Reglement für Rennen schrieb für Unteroffiziere eine Distanz von 3000 m, für Soldaten 2200 bis 2400 m vor. Ursprünglich mußten die Soldatenrennen unter Führung geritten werden, wobei nur der Einlauf freigegeben wurde. Diese einschränkende Bestimmung konnte später gelockert und teilweise ganz aufgehoben werden.

Die Military setzte sich für Unteroffiziere und Dragoner gleich zusammen, und zwar aus Viereckreiten, einzeln oder in der Abteilung unter Kommando, einem Dauerritt über mindestens 12 km mit Hindernissen von bis zu 90 cm Höhe, einer Springprüfung mit Hindernissen bis zu 90 cm Höhe sowie einer Konditionsprüfung und gelegentlich auch noch einer Schießübung.

Glaube an das Pferd

Seit über 900 Jahren werden in der Schweiz Pferde gezüchtet. Erstmals im Jahre 1065 wird eine Pferdezucht des im Jahre 934 gegründeten Benediktiner-Klosters Einsiedeln erwähnt. Diese Halbblutzucht hat all die Jahrhunderte überlebt und selbst, als in den Jahren 1314 und 1798 das Kloster sämtliche Pferde verlor, wurde die Zucht wieder aufgebaut, indem Pferde von den umliegenden Bauern gekauft wurden.

Nach der im Jahre 1865 durchgeführten ersten Warmblutpferdeausstellung in Aarau wurde in England der Yorkshire-Hengst Bracken gekauft, der in der Folge zum Vater der heutigen Einsiedler Zucht wurde. Seit dem Jahre 1900 hält das Kloster nur noch Stuten, die Hengste werden vom Eidg. Hengstendepot in Avenches zur Verfügung gestellt. Die schönsten Hengstfohlen werden jeweils halbjährig vom Bund aufgekauft, die restlichen Jungpferde werden als dreieinhalbjährige Wallache verkauft.

Links: Die Pferde des Klosters Einsiedeln.

In den letzten Jahren der Schweizer Kavallerie konnten vermehrt Remonten aus der Inlandzucht verwendet werden, zusammengenommen wohl über hundert Eidgenossen. Gleichzeitig wurden die in der Schweiz gezüchteten Halbblüter als Reit- und Sportpferde immer beliebter, und sie wurden sogar mit Erfolg an Welt- und Europameisterschaften geritten und gefahren.

Die Schweiz hat als einziges Land Europas die Möglichkeit, die speziellen Reiteigenschaften der verschiedenen Originalrassen dosiert miteinander zu mischen. Wir paaren die leichten, raumgreifenden, eleganten Bewegungen der Schwedenstuten mit dem Blut der Hengste aus der Normandie, die die von Vollblütern wie Furioso xx nachgewiesenen Springeigenschaften vererben. Die Resultate sind vielversprechend.

Nur das was ein Hengst selbst besitzt, kann er auch weitervererben. Der eine Hengst wird größere Talente als Springpferd zeigen, der andere sich mehr für die Dressur eignen. Diese spezielle Veranlagung soll in den Leistungsprüfungen erkannt und gefördert werden. Diese spezielle Förderung kann aber erst einsetzen, wenn feststeht, daß der Hengst die allgemeinen Anforderungen an ein rittiges Pferd besitzt.

Jede Zucht muß ein leichtrittiges und vielseitig zu verwendendes Reitpferd züchten. Das leicht rittige Pferd wird immer Absatz finden, denn nur ein kleiner Prozentsatz unserer Reitpferde geht an wirkliche Spitzenkönner. Die breite Masse der Pferde wird produziert für den Durchschnittsreiter, und danach richtet sich auch das Ziel einer Schweizer Inlandzucht.

HEKTOR LEUENBERGER

Unabhängig von der Diskussion über die Wünschbarkeit einer Kavallerie-orientierten Inland-Zucht wird in der Schweiz seit langem eine typische Schweizer Rasse gezüchtet: der Freiberger. Die Ursprünge sind verschwommen, obwohl wir wissen, daß bereits im späten Mittelalter im Jura Pferde gezüchtet wurden, deren Stockmaß allerdings kaum 1,40 Meter erreichte. Nachdem Karl der Kühne in den Jahren 1474 und 1477 nach verlorenen Schlachten gegen 20 000 Pferde in der Eidgenossenschaft zurücklassen mußte, erhielt die jurassische Pferdezucht entscheidende Impulse: der Freiberger wurde schwerer. Rund 400 Jahre später, im Jahre 1865, fand in Aarau die erste eidgenössische Pferdeausstellung statt. Die Folge war der Ankauf eines englischen Vollbluthengstes, Leo I, dessen Urenkel, Vaillant, zum eigentlichen Begründer des Freiberger Pferdes wurde. Nach einigen Jahrzehnten in Thun wurde im Jahre 1889 das Eidgenössische Hengstendepot nach Avenches verlegt: ein landschaftlich reizvoller Fleck Erde in der weit ausgebuchteten Ebene des Broyetales, unmittelbar vor der Einmündung in den Murtensee. Das Hengstendepot umfaßt 148 Hektar topfebenen Schwemmlandboden. In den letzten Jahren der Kavallerie wurden vermehrt Inland-Remonten an die Armee abgegeben, und unter dem jetzigen Direktor des Gestüts, Hektor Leuenberger, werden die Anstrengungen zur Förderung einer Schweizer Zucht auf breitester Ebene intensiviert.

Anhang

DIE SCHWEIZER KAVALLERIE
(1874–1973)

Die Bestände der Kavallerie	142
Die Waffenchefs	142
Die Kommandanten der Regie	142
Die Kommandanten des Depots	142
Die Schweizer Kavallerie gemäß Truppenordnung 1925	143
Die Schweizer Kavallerie gemäß Truppenordnung 1961	143
Die letzten Kommandanten	144

DIE KAVALLERIEVERBÄNDE

Der OKV	144
Der ZKV	145
Die DGM	146
Société Fribourgeoise de Cavalerie	146
Société Cantonale Neuchâteloise de Cavalerie	146
Association des Sociétés de Cavalerie du Jura	146
Société de Cavalerie de Genève	146
Der Reitverein Brugg	146

DIE SPORTERFOLGE

Die Dressur	147
Das Springen	149
Die Military	154
Frauenfelder Schwadrons-Coupe	156
Das Fahren	157

REGISTER 158

BILDNACHWEIS 160

DANK 160

Die Schweizer Kavallerie (1874–1973)

Die Bestände der Kavallerie

1874: 3500 Mann
24 Drag Schw (8 Kav Rgt zu 3 Schw)
12 Guiden Kp

1916: 6600 Mann
24 Drag Schw (4 Kav Brig zu 2 Drag Rgt zu 3 Schw)
12 Guiden Schw (6 Guiden Abt zu 2 Schw)
8 Mitr Schw

1925: 6000 Mann
18 Drag Schw (3 Kav Brig zu 2 Drag Rgt zu 3 Schw)
12 Drag Schw (6 Drag Abt zu 2 Schw)
6 Mitr Schw

1936: 5000 Mann
18 Drag Schw (3 leichte Brig zu 2 leichten Rgt zu 3 Schw, sowie ein Rdf Bat)
6 Drag Schw (6 Aufkl Abt bestehend aus je 1 Drag Schw und 1 Rdf Kp)
6 Drag Schw (zur Verfügung der Div Kdt für Verbindungsaufträge)

1951: 4400 Mann
24 Drag Schw (8 Drag Abt zu 3 Schw)

1961: 3462 Mann
18 Drag Schw (3 Drag Rgt zu 2 Abt zu 3 Schw)

Die Waffenchefs

Die Waffenchefs der Kavallerie

1875–1891 Gottlieb Zehnder
1891–1896 Ulrich Wille
1896–1902 Traugott Markwalder
1903–1913 Eduard Wildbolz
1913–1919 Richard Vogel
1920–1925 Guillaume Favre
1925–1934 Alfons Schué
1934–1936 Jakob Labhart

Die Waffenchefs der Leichten Truppen

1936–1947 Edouard Jordi
1947–1956 Pierre de Muralt
1956–1957 Georg Züblin
1957–1961 Jacques Boissier
1961–1963 Fritz Wille
1963–1965 Pierre Hirschy
1965–1973 James Thiébaud

Die Kommandanten der Regie

1850–1864 Oberst Wehrli
1864–1887 Oberst von Linden
1887–1910 Oberstlt Vigier
1910–1912 Oberst Schär
1912–1937 Oberst Richard Ziegler
1937–1950 Oberst Max Thommen

Die Kommandanten des Depots

1890–1903 Theophil Bernard
1903–1908 Karl Bürcher
1908–1913 Henri Poudret
1913–1919 Jules Beck
1919–1920 Alfons Schué
1920–1938 Ernest Haccius
1938–1939 Pierre de Muralt (ad interim)
1939–1941 Ernest Haccius
1941–1955 Henri Von der Weid
1956–1969 Pierre Mange
1969–1973 Hansjörg Baudenbacher
1974–1975 Hermann Lüthi
ab 1975 Pierre Eric Jaquerod

Die Truppenordnung von 1925

18 Dragoner-Schwadronen als Divisionstruppe

12 Dragoner-Schwadronen und 6 Mitrailleur-Schwadronen als Armeetruppe

Die 18 Dragoner- und 6 Mitrailleur-Schwadronen waren als Armeetruppe wie folgt eingeteilt:

KAV BRIG 1:
Kav Rgt 1   Drag Schw 1, 3, 4   Mitr Schw 1
Kav Rgt 2   Drag Schw 5, 6, 7   Mitr Schw 2

KAV BRIG 2:
Kav Rgt 3   Drag Schw 8, 10, 13   Mitr Schw 3
Kav Rgt 4   Drag Schw 9, 11, 12   Mitr Schw 4

KAV BRIG 3:
Kav Rgt 5   Drag Schw 17, 18, 22   Mitr Schw 5
Kav Rgt 6   Drag Schw 16, 19, 20   Mitr Schw 6

Die zwölf ehemaligen Guiden-, nun Dragoner-Schwadronen waren als Divisionstruppe wie folgt eingeteilt:

1. KORPS:
1. Div   Drag Abt 1   Drag Schw 2 und 25
2. Div   Drag Abt 2   Drag Schw 14 und 26

2. KORPS:
3. Div   Drag Abt 3   Drag Schw 15 und 27
4. Div   Drag Abt 4   Drag Schw 23 und 28

3. KORPS:
5. Div   Drag Abt 5   Drag Schw 24 und 29
6. Div   Drag Abt 6   Drag Schw 21 und 30

Eine Kavallerie-Brigade, kommandiert von einem Oberst und bestehend aus zwei Dragoner-Regimentern und einer Radfahrer-Abteilung, setzte sich wie folgt zusammen: 115 Offiziere, 2411 Unteroffiziere und Soldaten (darin eingeschlossen die Radfahrer), 1360 Reitpferde, 220 Zugpferde und 72 Tragpferde. 55 Fuhrwerke, 39 Autos und 4 Motorräder. Die Bewaffnung bestand aus 2041 Karabinern, 56 leichten Maschinengewehren und 12 Maschinengewehren.

Die Truppenordnung von 1961

Gemäß TO 61 besteht die Kavallerie aus 3 Dragoner-Regimentern, welche je einen Rgt Stab und 2 gleichartige Dragoner-Abteilungen enthalten. Die Drag Abt ihrerseits bestehen je aus einem Abt Stab und 3 gleichartigen Dragoner-Schwadronen, somit total 18 Drag Schw.

Die Drag Schw ist eingeteilt in einen Kommando-, einen Mitrailleur- und 3 Gefechtszüge. Die 5 Züge enthalten je 32 Mann. Die Gefechtszüge (je 2 Gefechtsgruppen, 1 Unterstützungsgruppe, 1 Panzerabwehrgruppe und 1 Zugstrupp) werden mit 33 Reit- und 2 Tragpferden, der Mitr Zug (4 Mitrailleurgruppen und 1 Zugstrupp) mit 33 Reit- und 5 Tragpferden transportiert. Die Drag Schw ist zu 93 Prozent hippomobil; unberitten sind nur 13 Mann. Nebst den Pferden besitzen die Schw 2 Motorräder, 1 leichten Geländelastwagen und 3 Lastwagen, wovon 2 mit Anhänger, wobei die letzteren im Gefecht normalerweise abteilungsweise zusammengefaßt werden.

Der reglementarische Bestand aller 3 Drag Rgt beträgt total 3462 Mann und 3213 Pferde. Der prozentuale Anteil der berittenen Truppe am Totalbestand der Armee macht genau 1 Prozent aus.

Die Drag Rgt sind Korpstruppen. Die Rgt Stäbe sind reine Ausbildungsstäbe und lediglich als Reserve-Führungsstäbe gedacht.

BEWAFFNUNG, MUNITION, AUSRÜSTUNG UND AUSBILDUNG EINER DRAGONER-SCHWADRON

Bewaffnung:
Sturmgewehre	142
Maschinengewehre	4
Raketenrohre	6

Munition:
Gewehrpatronen	100%
Handgranaten	100%
Gewehr-Stahlgranaten	100%
Gewehr-Nebelgranaten	100%
Gewehr-Hohlpanzergranaten	100%
Hohlpanzer-Raketen	100%

Transportmittel:
Pferde	164*
Motorräder	2
Lastwagen	3
Geländewagen	1
Anhänger	2

*wovon 11 Tragpferde

Spezialausbildung gemäß WAO:
Schützen	30%
Panzerabwehrschützen	20%
Maschinengewehrschützen	25%
Pioniere	25%

KAMPFTRUPPEN, «HILFSPERSONAL» UND «BEDIENUNGSPERSONAL» FÜR TRANSPORTMITTEL BEI DEN DRAGONER-SCHWADRONEN

Mannschaftsbestand:	100%	160 M
Transportmittel		164 Pf, 6 Fz
«Hilfspersonal»*		23 M
«Bewegl. Kampftruppe»:	86%	137 M
Transportmittel		152 Pf, 1 Fz
«Bedienungspersonal»		20 M
«Kämpfer» abgesessen:	73%	117 M

*Verpflegung, Material, Mechaniker, Hufschmied

Die letzten Kommandanten

Drag Rgt 1   Oberst Adolf Meier

Drag Abt 1   Major Jean-Claude Rosat
  Drag Schw 1   Hptm Rudolf Baumgartner
  Drag Schw 2   Hptm Francis Mayor
  Drag Schw 5   Hptm Hans Bienz

Drag Abt 3   Major Andres Aeb
  Drag Schw 6   Hptm Hans Frauchiger
  Drag Schw 7   Hptm Peter Dällenbach
  Drag Schw 9   Hptm Peter Siegenthaler

Drag Rgt 2   Oberst Rolf Küng

Drag Abt 4   Hptm Ulrich Dietler
  Drag Schw 8   Hptm Pierre-E. Mange
  Drag Schw 10   Hptm Jürg Stadelmann
  Drag Schw 11   Hptm Hans Aebi

Drag Abt 5   Major Felix Bretscher
  Drag Schw 14   Hptm Urs Blum
  Drag Schw 15   Hptm Erich Steffen
  Drag Schw 22   Hptm Franz-Xaver Burger

Drag Rgt 4   Oberstlt Hans Syz

Drag Abt 6   Major Bernhard Dubs
  Drag Schw 17   Hptm Werner Weber
  Drag Schw 18   Hptm Jörg Bachmann
  Drag Schw 24   Hptm Peter Balzer

Drag Abt 7   Major Walter Plüß
  Drag Schw 19   Hptm Rudi Suter
  Drag Schw 20   Hptm Gaudenz von Salis
  Drag Schw 21   Hptm Hans-Ulrich Grau

Die Kavallerieverbände

Die nachstehend aufgeführten Kavallerieverbände und ihre Sektionen sind seit den frühen vierziger Jahren in der Vereinigung Schweizer Kavallerieverbände zusammengefaßt. Ihr Gründungspräsident war Willy Grundbacher, auf den Hans Barben folgte. Im Jahre 1966 übernahm Adolf Meier das Präsidium, das er im Jahre 1973 an Hans-Ulrich Sutter abgab.

Der Ostschweizerische Kavallerieverein (OKV)

SEINE PRÄSIDENTEN

Oberst Ott	1856–1859
Oblt Dürler	1859–1860
Oberst Ott	1860–1865
Oberst Scherrer	1865–1869
Oberstlt Kottmann	1869–1873
Major Leumann	1873–1876
Major Zellweger	1876–1880
Major O. Blumer	1880–1885
Oberstlt Fehr	1885–1888
Hptm Hürlimann	1888–1890
Hptm Klauser	1890–1893
Fw Geser	1893–1896
Fw H. Meier	1896–1900
Fw J. Benz	1900–1903
Fw Vogt	1903–1905
Four H. Brühlmann	1905–1907
Fw A. Roth	1907–1911
Guide Edw. Fluck	1911–1918
Fw W. Hörni	1918–1924
Oblt R. Staub	1924–1930
Hptm W. Stähelin	1930–1933
Hptm R. Bühler	1933–1937
Hptm H. Lendi	1937–1940
Hptm P. Hürlimann	1940–1946
Hptm E. Hauser	1946–1949
Hptm H. Zindel	1949–1952
Hptm W. Schuler	1952–1956
Hptm A. Stoffel	1956–1959
Hptm K. Buchmann	1959–1962
Hptm M. Rindlisbacher	1962–1965
Hptm W. Plüß	1965–1969
Hptm R. Suter	1970–1973
Hptm E. Binder	seit 1973

Seine Sektionen

Ostschweizer Fahrsport-Vereinigung Bezirk	Egnach und Umgebung
Affoltern a. A. und Umgebung	Flawil und Umgebung
Baden und Umgebung	Frauenfeld Rennverein
Dielsdorf und Umgebung	Frauenfeld
Freiamt	Goßau SG
Hallwil	Häggenschwil
Hasenberg und Umgebung	Muolen und Umgebung
Limmattal	Hinterthurgau
March	Kemmental
Muri und Umgebung	Kreuzlingen und Umgebung
Seebezirk	Müllheim und Umgebung
Sihltal und See	Nieselberg
Wädenswil und Umgebung	Nollen
Wynental	Ottenberg
Zurzach und Umgebung	Schaffhausen
Zug	Seebach-Oerlikon und Umgebung
Andelfingen und Umgebung	Tößtal
Bülach und Umgebung	Uster
Dübendorf und Umgebung	Wald ZH
Elgg und Umgebung	Wetzikon und Umgebung
Goßau ZH	Winterthur und Umgebung
Kemptthal	Zürich und Umgebung
Klettgau	Zürcher Oberland
Kloten und Umgebung	Zürichsee rechtes Ufer
Rafzerfeld	Alttoggenburg und Umgebung
Ramsen und Umgebung	Amriswil
Bischofszell und Umgebung	Berg und Umgebung
Bißegg und Umgebung	Rorschach und Umgebung
Stammheimertal und Umgebung	Reitclub St. Gallen
Uzwil und Umgebung	KV St. Gallen
Waldkirch und Umgebung	Sulgen und Umgebung
Wil und Umgebung	Gonzen
Buchs	Maienfeld
Davos	Oberrheintal
Falknis	Oberriet und Umgebung
Glärnisch	St. Moritz
	Sennwald und Umgebung
	Unterrheintal
	Werdenberg

Der Zentralschweizerische Kavallerieverein (ZKV)

Seine Präsidenten

Major Friedrich Möschler, Bern	1865–1870
Major Johann Renfer, Bözingen	1870–1872
Major Gottfried Feller, Thun	1872–1879
Hptm Jakob Oesch, Interlaken	1879–1880
Hptm Carl Ludwig Schnell, Bern	1880–1883
Major Carl Schmid, Burgdorf	1883–1888
Major Carl Ludwig von Steiger, Zollikofen	1888–1894
Major Eduard Wildbolz, Bern	1894–1896
Major Karl Wäber, Belp	1896–1898
Hptm Friedrich Zeerleder, Bern	1898–1906
Hptm Paul Weibel, Lyß	1907
Lt Bernhard Hammer, Solothurn	1908–1913
Lt Hans Bracher, Grafenscheuren	1913–1918
Oblt Alfred Mory, Bern	1918–1922
Hptm Hans Nabholz, Pfeffingen	1922–1927
Hptm Ed. von Wattenwyl, Oberdießbach	1927–1932
Hptm Alfred Disch, Othmarsingen	1932–1937
Hptm Hans Bracher, Bern	1937–1939
Hptm Willy Grundbacher, Thun	1939–1945
Hptm Hermann Lüthi, Bern	1945–1951
Hptm Hans Barben, Steffisburg	1951–1955
Hptm Charles von Wattenwyl, Oberdießbach	1955–1959
Hptm Adolf Meier, Sursee	1959–1965
Hptm Andreas Aebi, Wichtrach	1965–1971
Hptm Peter Siegenthaler, Rubigen	1971–1974
Hptm Hans Aebi, Bollodingen	seit 1974

Seine Sektionen

Aarau	Konolfingen
Aaretal	Längenberg
Aarwangen	Langenthal
Aesch Reiterkameraden	Laupen
	Lindenberg
Aesch	Lenzburg
Belp	Luzern St. Georg
Bern-Stadt	Lyßbachtal
Beromünster	Melchnau
Biel	Münchenbuchsee
Birseck	Muri-Worb
Bolligen	Neuenegg
Brandis	Niederbipp
Bucheggberg	Niederscherli
Buchholterberg	Oberemmental
Bümpliz	Oberes Langenthal
Bünztal	Oberseetal
Büren a. d. Aare	Obersimmental-
Dürrenroth	Saanen
Obere Emme	Oberwiggertal
Untere Emme	Ob- und Nidwalden
Entlebuch	Ochlenberg
Erlach	Olten-Gösgen
Fraubrunnen	Rothenburg-Emmen
Fricktaler Reiterklub	
Frutigen- Nd. Simmental	Ruswil
	Schangnau
Gäu	Schöftland
Grenchen	Schüpbach
Gürbetal	Schüpfen-Rapperswil
Habsburg	
Heimiswil	Schwarzenburg
Herzogenbuchsee	Schwyz
Hindelbank	Seeland
Hitzkirchertal	Seftigen
Huttwil	Sempach
Interlaken-Oberhasli	Solothurn

Sumiswald
Sursee
Thal-Balsthal
Thun
Uettligen
Unterfricktal
Wangen a. d. A.
Wasseramt
Willisau
Wiggertal
Wynigen
Zell

Société des Dragons, Guides et Mitrailleurs du Canton de Vaud (DGM)

IHRE PRÄSIDENTEN

Guide Auguste Rey	1905–1922
Wm Charles Perret	1922–1929
Kpl Curchod	1929–1930
Wm Gustave Baumgartner	1930–1938
Four Fernand Gonin	1938–1946
Wm Maurice Pradervand	1946–1951
Wm Marcel Chevalley	1951–1961
Four Eric Reymond	1961–1967
Wm Robert Crisinel	1967–1972
Gfr Simon Chappuis	seit 1972

IHRE SEKTIONEN

Aigle-Bex
Cossonay-La Sarraz
Echallens
Jorat
Lausanne
Lavaux
La Côte
La Menthue
Morges-Aubonne
Moudon
Orbe
Oron
Payerne
Pays d'Enhaut
Pied du Jura
Vully
Yverdon

Société Fribourgeoise de Cavalerie

Wurde in Jahre 1914 gegründet.

IHRE SEKTIONEN

La Broye
Courtepin
Glâne-Veveyse
Gruyère
Le Lac
De la Sarine
Singine

Société Cantonale Neuchâteloise de Cavalerie

Wurde im Jahre 1898 gegründet.

IHRE SEKTIONEN

La Chaux-de-Fonds
Le Locle
La Béroche
Val-de-Ruz
Val-de-Travers
Club Hippique
de Neuchâtel

Association des Sociétés de Cavalerie du Jura

Wurde im Jahre 1924 gegründet.

IHRE SEKTIONEN

Franches-
Montagnes
Vallée de Tavannes
et environs
Moutier
Delémont
D'Ajoie,
Club Hippique
Le Quadrille
St-Hubert,
Bassecourt
Ralley Jura

Société de Cavalerie de Genève

Wurde im Jahre 1911 gegründet und organisiert zusammen mit der Société Hippique l'Etrier und der Société Hippique Rallye Genève den Internationalen Concours Hippique in Genf.

Kavallerie-Reitverein Brugg und Umgebung

Entstand im Jahre 1889 aus einer Untersektion Brugg des im 1879 gegründeten Aargauischen Kavallerie Vereins. Führte im Jahre 1909 erstmals Reiterspiele durch. Veranstalter des nationalen Concours Hippique.

Die Sporterfolge

Die Dressur

S-CHAMPIONATE (PUNKTEWERTUNG)

KLASSE A   KLASSE B

1942 Ernst A. Sarasin
1943 Hans Moser
1944 Willy Grundbacher
1945 Max Honegger
1946 Hermann Lüthi   1946 Gottfried Trachsel
1947 Hans Moser
1948 Hans Moser
1949 Eva Bigler
1950 Eva Bigler
1951 Eva Bigler
1952 Maria Weier
1953 Henry A. Sarasin
1954 konnte nicht vergeben werden
1955 Henry A. Sarasin
1956 Paul Weier
1957 Paul Weier
1958 Willy Grundbacher
1959 Henri Chammartin
1960 Ursula Kanter   1960 Gottfried Trachsel
1961 Marianne Goßweiler   1961 Gustav Fischer
1962 Marianne Goßweiler   1962 Henri Chammartin
1963 Marianne Goßweiler   1963 Henri Chammartin
1964 Willy Grundbacher   1964 Henri Chammartin
1965 Marianne Goßweiler   1965 Gustav Fischer
1966 Marianne Goßweiler   1966 Henri Chammartin
1967 Christine Stückelberger   1967 Henri Chammartin
1968 Willy Grundbacher   1968 Gustav Fischer

MEISTERSCHAFT

1969 Henri Chammartin mit Oreillard
1970 Christine Stückelberger mit Merry Boy
1971 Christine Stückelberger mit Merry Boy
1972 Christine Stückelberger mit Merry Boy
1973 Christine Stückelberger mit Granat
1974 Christine Stückelberger mit Granat

Die Dressur

INTERNATIONALE ERFOLGE

Jahr	Anlass	Rang	Reiter	Pferd
1924	Olymp. Spiele, Paris	7. Rang	Hptm Henri Von der Weid	Uhlhard
1927	Int. Grand Prix, Luzern	2. Rang	Hptm Adolphe Mercier	Queen Mary
1930	FEI Prix St-Georges	Sieger	Lt Oskar Frank	Oleander
1939	FEI Prix St-Georges	Sieger	Lt Hans Moser	Waran
1948	Olymp. Spiele, London	Sieger	Hptm Hans Moser	Hummer
1949	FEI Prix St-Georges	Sieger	Fw Gottfried Trachsel	Forban
		2. Rang	Major Willy Grundbacher	Rose d'Avril
		3. Rang	Wm Gustav Fischer	Larina
	FEI-Grand Prix	Sieger	Hptm Oskar Frank	Cyprian
1950	Prix St-Georges, Rotterdam	Sieger	Major Willy Grundbacher	Rose d'Avril
1951	FEI Prix St-Georges	Sieger	Wm Gustav Fischer	Vasallo
		2. Rang	Eva Bigler	Trebonius
	FEI Grand Prix	2. Rang	Fw Gottfried Trachsel	Flott
		3. Rang	Fw Gottfried Trachsel	Kursus
1952	Olymp. Spiele, Helsinki	4. Rang	Fw Gottfried Trachsel	Kursus
		6. Rang	Wm Henri Chammartin	Wöhler
		8. Rang	Wm Gustav Fischer	Soliman
	Mannschafts-Silbermedaille			
1953	FEI Prix St-Georges	Sieger	Fw Gottfried Trachsel	Kursus
		3. Rang	Wm Henri Chammartin	Wöhler
	FEI Grand Prix	3. Rang	Gottfried Trachsel	Kursus
		4. Rang	Wm Henri Chammartin	Wöhler
1954	FEI Prix St-Georges	2. Rang	Wm Henri Chammartin	Wöhler
	FEI Grand Prix	2. Rang	Wm Henri Chammartin	Wöhler
		3. Rang	Fw Gottfried Trachsel	Kursus
1955	FEI Grand Prix	Sieger	Wm Henri Chammartin	Wöhler
		3. Rang	Wm Henri Chammartin	Biondo
		4. Rang	Wm Gustav Fischer	Vasallo
1956	Olymp. Spiele, Stockholm	6. Rang	Fw Gottfried Trachsel	Kursus
		8. Rang	Wm Henri Chammartin	Wöhler
		10. Rang	Wm Gustav Fischer	Vasello
	Mannschafts-Bronzemedaille			
1957	Int. Grand Prix, Wiesbaden	Sieger	Wm Henri Chammartin	Wöhler
1958	FEI Prix St-Georges	Sieger	Wm Henri Chammartin	Wolfdietrich
	FEI Prix Intermédiaire	Sieger	Wm Henri Chammartin	Woerman
	FEI Grand Prix	Sieger	Wm Henri Chammartin	Wöhler
1959	FEI Prix St-Georges	Sieger	Lt Paul Weier	Coronel
	FEI Grand Prix	Sieger	Wm Henri Chammartin	Wöhler
		6. Rang	Wm Gustav Fischer	Wald
1960	Olymp. Spiele, Rom	2. Rang		
		8. Rang		
1961	FEI Grand Prix	5. Rang		
	FEI Prix St-Georges	3. Rang		
1962	FEI Prix Intermédiaire	Sieger		
	FEI Grand Prix	2. Rang		
		4. Rang		
		6. Rang		
1963	FEI Prix St-Georges	Sieger		
	FEI Grand Prix	Sieger		
		3. Rang		
	Int. Grand Prix, Paris	Sieger		
1964	Olymp. Spiele, Tokio	Sieger		
		4. Rang		
1965	Europameisterschaft	Sieger		
		4. Rang		
		8. Rang		
	Int. Grand Prix, Rotterdam	3. Rang		
1966	Weltmeisterschaft	4. Rang		
		8. Rang		
		9. Rang		
1967	Int. Grand Prix, Thun	Sieger		
	Europameisterschaft	4. Rang		
		7. Rang		
1968	Olymp. Spiele, Mexiko	7. Rang		
1969	Europameisterschaft	11. Rang		
1971	Europameisterschaft	9. Rang		
1973	Int. Grand Prix, Salzburg	Siegerin		
	Europameisterschaft			
1974	Dressur Derby, Hamburg	2. Rang		
	Weltmeisterschaft	5. Rang		
	Int. Grand Prix, Aachen	Siegerin		
	Int. Grand Prix, Berlin	Siegerin		

Das Springen

Die Championate der Schweiz

Wm Gustav Fischer	Wald	**Championats-Prüfung Kat. G**	
Wm Henri Chammartin	Wolfdietrich		
Wm Gustav Fischer	Wald	1923 Hptm H. Von der Weid	Glocester
Wm Hansruedi Thomi	Wodenga	1924 Hptm Charles Kuhn	Pickles
Wm Gustav Fischer	Wald	1925 Hptm Heinrich Hersche	Espérance
Fw Henri Chammartin	Woerman	1926 Hptm Charley Stoffel	Quien Sabe
Fw Henri Chammartin	Wolfdietrich	1927 Hptm H. Von der Weid	Royal Gris
Wm Gustav Fischer	Wald	1928 Major Max Thommen	Pepita
Wm Gustav Fischer	Sod	1929 Oblt Arnold Soutter	Ganimed
Fw Henri Chammartin	Wolfdietrich	1930 Oblt Hans Daetwiler	Turgi
Fw Henri Chammartin	Woermann	1931 Lt Louis Dégallier	Daducca
Fw Henri Chammartin	Woermann	1932 Major Pierre de Muralt	Ecriture
Fw Henri Chammartin	Woermann		
Fw Gustav Fischer	Wald	**Punktechampionat Kat. S**	
Mannschafts-Silbermedaille			
Fw Henri Chammartin	Wolfdietrich	1933 Major Hans E. Bühler	
Fw Gustav Fischer	Wald	1934 Oblt Louis Dégallier	
Marianne Goßweiler	Stephan	1935 Oblt Louis Dégallier	
Mannschafts-Silbermedaille		1936 Oblt Marcel Diserens	
Marianne Goßweiler	Stephan	1937 Hptm Louis Dégallier	
Fw Henri Chammartin	Wolfdietrich	1938 Hptm Arnold Mettler	
Fw Gustav Fischer	Wald	1939 Oblt Hans Ikle	
Marianne Goßweiler	Stephan	1940 –	
Mannschafts-Silbermedaille		1941 Hptm Arnold Mettler	
Fw Henri Chammartin	Wolfdietrich	1942 Oblt Alfred Blaser	
Fw Henri Chammartin	Wolfdietrich	1943 Hptm Pierre Musy	
Marianne Goßweiler	Stephan	1944 Hptm Arnold Mettler	
Mannschafts-Bronzemedaille		1945 Lt Frank Lombard	
Fw Gustav Fischer	Wald	1946 Oblt Max Stauffer	
Mannschafts-Bronzemedaille		1947 Oblt Frank Lombard	
Christine Stückelberger	Merry Boy	1948 Ernest Morf	
Christine Stückelberger	Merry Boy	1949 Ernest Morf	
Christine Stückelberger	Granat	1950 Ernest Morf	
Mannschafts-Bronzemedaille		1951 Werner Brenzikofer	
Christine Stückelberger	Granat	1952 Lt Alexander Stoffel	
Christine Stückelberger	Granat	1953 Lt Alexander Stoffel	
Mannschafts-Bronzemedaille		1954 Lt Alexander Stoffel	
Christine Stückelberger	Granat	1955 Lt Kurt Eschler	
Christine Stückelberger	Granat	1956 Lt Kurt Eschler	

Championats-Final mit Pferdewechsel

1957	Werner Brenzikofer	Falko IV
1958	Samuel Bürki	Black Charm
1959	Lt Paul Weier	Japhet

Schweizermeisterschafts-Final

1960	Victor Morf	Duroc
1961	Lt Paul Weier	Aberdeen
1962	Lt Max Hauri	Preslav
1963	Alexander von Erdey	Mahaud
1964	Lt Paul Weier	Satan III
1965	Arthur Blickenstorfer	Apache
1966	Monica Bachmann	Sandro
1967	Hptm Paul Weier	Satan III
1968	Hptm Paul Weier	Junker
1969	Hptm Paul Weier	Wildfeuer
1970	Monica Bachmann	Erbach
1971	Francis Racine	Jack Folly
1972	Kurt Maeder	Abraxon
1973	Markus Fuchs	Lady Seven
1974	Willi Melliger	Rhonas Boy

Das Springen

INTERNATIONALE ERFOLGE

Jahr	Wettkampf	Rang	Reiter	Pferd
1914	Abschiedsspringen, Luzern	Sieger	Hptm Ernest Haccius	Mascarille
1921	Großer Preis, Nizza	Sieger	Hptm Charles Kuhn	Gecko
1924	Olympische Spiele, Paris	Sieger	Lt Alphonse Gemuseus	Lucette
1925	Puissance, Luzern	Sieger	Hptm Max Thommen	Pepita
1926	Puissance, Luzern	Sieger	Hptm Charles Kuhn	Pepita
	Preis St. Gotthard, Luzern	Sieger	Oblt Alphonse Gemuseus	Lucette-Galatin
	Militärspringen, Dublin	Sieger	Hptm Henri Von der Weid	Royal Gris
	Championnat, Genf	Sieger	Hptm Pierre de Muralt	Espérance
1927	Großer Preis, Köln	Sieger	Hptm Charles Kuhn	Pepita
	Puissance, Luzern	Sieger	Hptm Henri Von der Weid	Rogata
	Militärspringen, Dublin	Sieger	Hptm Henri Von der Weid	Royal Gris
	Premio Rossi, Stresa	Sieger	Hptm Max Thommen	Pepita
1928	Preis Französische Kavallerie, Nizza	Sieger	Major Charles Kuhn	Falaise
	Olymp. Spiele, Amsterdam	3. Rang	Major Charles Kuhn	Pepita
1929	Schwere Springkonkurrenz, Dublin	Sieger	Hptm Pierre de Muralt	Notas
1930	Championat, Genf	Sieger	Annelies Stoffel	Primula
1931	Preis von Monaco, Nizza	Sieger	Lt Arnold Mettler	Sekretär
1932	Prix St-Michel, Brüssel	Sieger	Hptm Fritz Müller	Extenso
	Großer Preis, Aachen	2. Rang	Oblt Hans Daetwiler	Turgi
	Großer Preis, Spa	Sieger	Lt Eric Miville	Primula
1934	Großer Preis, Evian	Sieger	Lt Max Müller	Observateur
	Int. Championat, Dublin	2. Rang	Lt Max Müller	Orwell
	Coupe Belgische Kavallerie, Nizza	Sieger	Lt Hans Schwarzenbach	Schwabensohn
	Prix Grands Hotels, Nizza	Sieger	Lt Hans Schwarzenbach	Schwabensohn
1935	Prix St-Michel, Brüssel	Sieger	Major Pierre de Muralt	Norah
	Großer Preis, Brüssel	2. Rang	Major Pierre de Muralt	Corona
	Preis Italienische Kavallerie, Nizza	Sieger	Lt Hans Schwarzenbach	Primula
1936	Prix Grands Hotels, Nizza	Sieger	Hptm Arnold Mettler	Durmitor
	Prix de Monaco, Nizza	Sieger	Major Pierre de Muralt	Corona
1937	Premio Pincio, Rom	Sieger	Hptm Louis Dégallier	Durmitor
	Prix de l'Exposition, Paris	Sieger	Hptm Louis Dégallier	Durmitor
	Militärspringen, Dublin	Sieger	Lt Mario Mylius	Mainau
	Preis St. Gotthard, Luzern	Sieger	Lt Hans Ikle	Exilé
1939	Preis von der Mosel, Aachen	Sieger	Major Fritz Streiff	Pan
1947	Prix Grands Hotels, Nizza	Sieger	Hptm Arnold Mettler	Exilé
1947	Grand Prix de France, Nizza	Sieger		
	Prix Centaures, Nizza	2. Rang		
1948	Prix Pesage American, Ostende	Sieger		
1950	Prix de Monaco, Nizza	Sieger		
1951	Prix Cercle Equestre, Rotterdam	Sieger		
1954	Rekord-Hochspringen, Aachen	Sieger		
	Großer Militärpreis, Luzern	Sieger		
1955	Caprilli Preis, Pinerolo	Sieger		
	Preis Innenministerium, Aachen	Sieger		
	Prix St-Hubert, Genf	Sieger		
1956	Großer Preis, Nizza	2. Rang		
1957	Prix des Vagues, Ostende	Sieger		
1959	Prix du Léman, Genf	Sieger		
1961	Prix du Mont Blanc, Genf	Sieger		
1962	Hubertus Cup, Kopenhagen	Sieger		
1963	Lonsdale Puissance, London	Sieger		
	Daily Mail Cup, London	2. Rang		
	Irish Trophy, Dublin	2. Rang		
	Prix du Port, Rotterdam	Sieger		
	Prix Société Cavalerie, Genf	Sieger		
	GP de la Suisse, Genf	Sieger		
1964	Prix Esquilino, Rom	Sieger		
	Preis Seeburg, Luzern	Sieger		
	Preis Ermitage, Luzern	Sieger		
	Großer Preis, Luzern	Sieger		
	Preis Landwirtschaftsmin., Aachen	Sieger		
	Olymp. Spiele, Tokio	10. Rang		
		14. Rang		
1965	Europameisterschaft, Aachen	4. Rang		
	Amazonen-WM, Hickstead	4. Rang		
	Prix du Rhin, Rotterdam	Sieger		
1966	Großer Preis, Rom	Sieger		
	Europameisterschaft, Luzern	4. Rang		
1966	Amazonen-EM, Gijon	2. Rang		

Hptm Arnold Mettler	Exilé Idéale	1966	Amazonen-EM, Gijon	4. Rang	Karin Häberlin	Drzewicz/Doubtless
Hptm Mario Mylius	Silhouette	1967	Amazonen-EM, Fontainebleau	3. Rang	Monica Bachmann	Dax/Erbach
Major Arnold Mettler	Dagmar		Europameisterschaft, Rotterdam	6. Rang	Hptm Paul Weier	Satan/Junker
Oblt Donald Geneux	Vol-au-Vent		Prix Société Cavalerie, Genf	Sieger	Arthur Blickenstorfer	Yasmine
Hptm Karl Ilg	Saphir/Vol-au-Vent	1968	Prix Viminale, Rom	Sieger	Arthur Blickenstorfer	Marianka
			Amazonen-EM, Rom	5. Rang	Monica Bachmann	Erbach/Mr. Brown
Lt Alex Stoffel	Bricole		Großer Preis, Luzern	2. Rang	Bruno Candrian	Nosostros
Hptm William de Rham	Va-Vite		Olymp. Spiele, Mexiko	7. Rang	Monica Bachmann	Erbach
Hptm Frank Lombard	Fürst	1969	Großer Preis, Lissabon	Sieger	Monica Bachmann	Erbach
		1970	Großer Preis, Luzern	Sieger	Hptm Paul Weier	Wildfeuer
Lt Kurt Eschler	Goldherr/Doriskos		Großer Preis, Lissabon	Sieger	Hptm Paul Weier	Wildfeuer
Lt Marc Büchler	Norentin			2. Rang	Monica Bachmann	Erbach
Lt Marc Büchler	Duroc	1971	Siegerpreis, Lissabon	Sieger	Hptm Paul Weier	Wulf
Werner Brenzikofer	Falko		1. Qual. für EM, Aachen	Sieger	Hptm Paul Weier	Wulf
Hans Möhr	Lausbub			3. Rang	Oblt Max Hauri	Haiti
Hans Möhr	Troll		EM, Aachen	3. Rang	Hptm Paul Weier	Wulf/Donauschwalbe
Werner Brenzikofer	Ibrahim			5. Rang	Oblt Max Hauri	Haiti
Hans Möhr	Troll		Großer Preis, Ludwigsburg	Sieger	Hptm Paul Weier	Wulf
Hans Möhr	Troll		Großer Preis, Lissabon	Sieger	Hptm Paul Weier	Wulf
Hans Möhr	Troll		Puissance, Genf	Sieger	Oblt Max Hauri	Haiti
Oblt Max Hauri	Millview	1972	Meisterspringen, Luzern	Sieger	Monica Weier	Erbach
Hans Möhr	Troll		Preis Kanton Luzern	Sieger	Monica Weier	Vasall
Lt Werner Weber	Lansquenet		Preis Stadt Luzern	Sieger	Hermann von Siebenthal	Podargos
Oberstlt Frank Lombard	Japonais		Puissance, Lissabon	Sieger	Monica Weier	Vasall
Drag Fritz Schläpfer	Cymbal		Siegerpreis, Lissabon	Sieger	Hptm Paul Weier	Cocoyoc
Hptm Paul Weier	Junker		Großer Preis, Lissabon	Sieger	Hptm Paul Weier	Wulf
Hans Möhr	Troll	1973	Premio Viminale, Rom	Sieger	Jürg Friedli	Realty
			Amazonen-EM, Wien	3. Rang	Monica Weier	Erbach/Vasall
Hptm Paul Weier	Satan		Ausscheidungsspringen, Aachen	Sieger	Walter Gabathuler	Butterfly
Oblt Max Hauri	Millview		Puissance, Aachen	Sieger	Arthur Blickenstorfer	Kilfera
Hptm Paul Weier	Satan		GP von Europa, Aachen	2. Rang	Hptm Paul Weier	Fink
Arthur Blickenstorfer	Apache/Eiko		Großer Preis, Aachen	Sieger	Hptm Paul Weier	Fink
Monica Bachmann	Sandro/Herova		EM, Hickstead	7. Rang	Hptm Paul Weier	Wulf/Fink
Arthur Blickenstorfer	Apache		Puissance, Lissabon	Sieger	Hptm Paul Weier	Fink
Hptm Paul Weier	Junker		Großer Preis, Lissabon	Sieger	Hptm Paul Weier	Wulf
Hptm Paul Weier	Junker/Satan	1974	Europa Trophy, London	Sieger	Hptm Paul Weier	Wulf
Monica Bachmann	Sandro/Ibrahim					

Das Springen

NATIONENPREISE

Jahr	Ort	Rang	Reiter	Pferd
1921	Nizza	4. Rang	Erster Start einer Schweizer Equipe: Oblt Thommen, Hptm Ribaupierre, Hptm Kuhn	
1924	Nizza	2. Rang	Major Haccius, Hptm Kuhn, Hptm Ribaupierre, Lt Stuber	
	Olymp. Spiele, Paris	Silbermedaille	Lt Alphonse Gemuseus	Lucette
			Lt Werner Stuber	Girandole
			Hptm Hans E. Bühler	Sailor Boy
			Hptm Henri Von der Weid	Admiral
1925	Nizza	2. Rang	Major Ribaupierre, Lt Miville, Hptm Stoffel, Major Kuhn	
1926	Dublin	Sieger	Hptm Henri Von der Weid	Royal Gris
			Hptm Hans E. Bühler	Vladimir
			Major Charles Kuhn	Novello
1927	Brüssel	Sieger	Inoffizieller Nationenpreis: Major Ribaupierre, Major Kuhn, Hptm de Muralt	
	Luzern	2. Rang	Hptm Lambelet, Major Kuhn, Hptm de Muralt	
	Dublin	Sieger	Hptm Henri Von der Weid	Royal Gris
			Hptm Heinrich Hersche	Espérance
			Oblt Alphonse Gemuseus	Notas
	Genf	Sieger	Hptm Max Thommen	Pepita
			Oblt Alphonse Gemuseus	Lucette
			Hptm Pierre de Muralt	Notas
1929	Luzern	Sieger	Hptm Pierre de Muralt	Notas
			Oblt Alphonse Gemuseus	Lucette
			Major Charles Kuhn	Falaise
			Oblt Jean Haecky	Severina
1930	Rom	2. Rang	Hptm de Muralt, Hptm Stoffel, Lt Dégallier, Oblt Haecky	
	Brüssel	Sieger	Lt Louis Dégallier	Notas
			Hptm Charley Stoffel	Corona
			Oblt Jean Haecky	Severina
			Hptm Pierre de Muralt	Ecriture
	Dublin	Sieger	Oblt Hans Daetwiler	Turgi
			Lt Louis Dégallier	Notas
			Major Charles Kuhn	Corona
1931	Nizza	Sieger	Oblt Jean Haecky	Severina
			Lt Arnold Mettler	Sekretär
			Hptm Charley Stoffel	Corona
			Lt Louis Dégallier	Notas
	Wien	Sieger	Oblt Hans Simmen	Sekretär
			Major Charles Kuhn	Corona
			Hptm Pierre de Muralt	Ecriture
			Oblt Jean Haecky	Severina
	Luzern	2. Rang	Major Kuhn, Oblt Mettler, Lt Dégallier, Major Bühler	
1933	Luzern	2. Rang	Major Bühler, Major Kuhn, Oblt Simmen, Oblt Dégallier	
1934	Nizza	Sieger	Oblt Louis Dégallier	Corona
			Major Pierre de Muralt	Notas
			Lt Hans Schwarzenbach	Chantecler
			Oblt Jean Haecky	Wexford
1935	Luzern	2. Rang	Major de Muralt, Oblt Dégallier, Oblt Mettler, Oberstlt Bühler	
1936	Olymp. Spiele, Berlin	5. Rang	Oblt Mettler, Oblt Ikle, Lt Fehr	
1937	Rom	3. Rang	Hptm Dégallier, Lt Mylius, Lt Fehr, Lt M. Müller	
1939	Aachen	3. Rang	Lt Mylius, Oblt Ikle, Major F. Streiff	
1947	Nizza	2. Rang	Hptm Mettler Hptm Mylius, Hptm Aeschlimann, Lt Geneux	
	Ostende	2. Rang	Major Steinmann, P. Morf, Hptm Fehr, Hptm Mylius	
1951	Genf	3. Rang	Hptm Ilg, V. Morf, W. Brenzikofer, Major Mylius	
1953	Pinerolo	Sieger	Hptm Mario Mylius	Nundina
			Hptm Frank Lombard	Vol-au-Vent
			Hptm William de Rham	Va Vite
			Lt Alex Stoffel	Sirius
1956	Nizza	3. Rang	Hptm H. Buhofer, Hptm. de Rham, Major Lombard, Lt Büchler	

1956	Luzern	2. Rang	Lt Stoffel, Hptm de Rham, Lt Eschler, Lt Büchler		1968	Aachen	2. Rang	M. Bachmann, B. Candrian, A. Blickenstorfer, Hptm Weier
1957	Aachen	3. Rang	V. Morf, W. Brenzikofer, Lt Büchler, Major Lombard			Olymp. Spiele, Mexiko	6. Rang	Hptm Weier, A. Blickenstorfer, M. Bachmann
	Le Zoute	Sieger	Victor Morf	Duroc	1969	Lissabon	Sieger	Monica Bachmann — Erbach
			Rolf P. Ruff	Attila				Ernst Eglin — Carver Doone
			W. Brenzikofer	Falko				Hptm Mario Baumgartner — Waldersee
			Major Frank Lombard	Bissada				Hptm Paul Weier — Wildfeuer
1962	Kopenhagen	2. Rang	A. Blickenstorfer, W. Brenzikofer, Lt Hauri, H. Möhr		1970	Lissabon	Sieger	Monica Bachmann — Erbach
								Hptm Mario Baumgartner — Waldersee
	Ostende	2. Rang	H. Möhr, E. Eglin, Lt Hauri, W. Brenzikofer					Ernst Eglin — Carver Doone
								Hptm Paul Weier — Wildfeuer
1963	Aachen	3. Rang	Oberstlt Lombard, E. Eglin, Lt Hauri, H. Möhr		1972	Luzern	2. Rang	M. Weier, K. Maeder, H. von Siebenthal, F. Racine
	Dublin	3. Rang	Oberstlt Lombard, Lt Hauri, Lt Weier, H. Möhr			Olymp. Spiele, München	5. Rang	M. Weier, Hptm Weier, H. von Siebenthal, Oblt Hauri
	Genf	Sieger	Hans Möhr	Troll		Lissabon	Sieger	Monica Weier — Vasall
			Arthur Blickenstorfer	Posilippo				Hptm Mario Baumgartner — Frustra
			Oberstlt Frank Lombard	Japonais				Hptm Paul Weier — Fink
			Lt Max Hauri	Millview				Kurt Maeder — Abraxon
1964	Rom	2. Rang	H. Möhr, Oblt Weier, A. Blickenstorfer, Oberstlt Lombard		1973	Aachen	3. Rang	A. Blickenstorfer, M. Weier, J. Friedli, P. Weier
	Luzern	Sieger	Hans Möhr	Troll		Ostende	2. Rang	Frei, Melliger, Etter, Tamagni
			Arthur Blickenstorfer	Florenz		Lissabon	Sieger	Monica Weier — Vasall
			Lt Max Hauri	Millview				Peter Reid — Casanova
			Oblt Paul Weier	Junker				Jürg Friedli — Rocket
1967	Rom	Sieger	Arthur Blickenstorfer	Marianka				Paul Weier — Fink
			Monica Bachmann	Erbach		Genf	2. Rang	M. Weier, Gabathuler, Racine, P. Weier
			Hptm Paul Weier	Stan	1974	Luzern	3. Rang	Racine, Friedli, Gabathuler, P. Weier
			Oberst Frank Lombard	Page				
	Genf	2. Rang	A. Blickenstorfer, B. Candrian, M. Bachmann, Hptm Weier			Aachen	3. Rang	Gabathuler, Etter, Friedli, P. Weier
1968	Luzern	Sieger	Monica Bachmann	Erbach		Laxenburg	3. Rang	Gabathuler, Guerdat, Friedli, Blickenstorfer
			Oblt Max Hauri	Telestar				
			Arthur Blickenstorfer	Marianka				
			Hptm Paul Weier	Satan				

Die Military

Die Championate

Eine Schweizermeisterschaft in der Military wird erst seit dem Jahre 1969 ausgetragen. In den Jahren zuvor galt entweder der Punkthöchste einer Jahreswertung aller Vielseitigkeitsprüfungen oder der Sieger bzw. der bestplazierte Schweizer der wichtigsten Military des Jahres als Champion. Für den Punktesieger wird seit dem Jahre 1962 der Wanderpreis des VSCR vergeben, der Sieger bzw. der bestplazierte Schweizer der wichtigsten Military erhält seit 1961 die Coupe Mylius. Es ist nicht ganz geklärt, wer in diesen Jahren 1962 bis 1966 als Schweizer Champion zu bezeichnen ist.

Championate 1951–1953

Als Gewinner des im Jahre 1938 vom damaligen Waffenchef Eduard Jordi gestifteten Wanderpreises, der 1938 erstmals von Hptm Walter Siegenthaler gewonnen wurde. Der Jordi-Wanderpreis wurde in den Jahren nach 1953 von Hans Schwarzenbach (1954), Samuel Koechlin (1955 und 1956), Marc Büchler (1957) und erneut Hans Schwarzenbach (1958 und endgültig 1959) gewonnen.

- 1951　Jürg Ziegler
- 1952　Jürg Ziegler
- 1953　Hans Schwarzenbach

Championat 1954

Als bestplazierter Schweizer der FEI-Military von Basel.

- 1954　Anton Bühler

Championate 1955–1960

Als Gewinner des 1955 gestifteten Armand-von-Ernst-Bechers, der im Jahre 1960 endgültig von Anton Bühler gewonnen wurde.

- 1955　Samuel Koechlin
- 1956　Anton Bühler
- 1957　Anton Bühler
- 1958　Ernst Lanz
- 1959　Hans Schwarzenbach
- 1960　Anton Bühler

Championate 1961

Als bestplazierter Schweizer (Sieger) der Internationalen Military von Genf und Gewinner der 1961 gestifteten Coupe Mylius.

- 1961　Rudolf Günthardt

Championate 1962–1966

Der Sieger bzw. der bestplazierte Schweizer der wichtigsten Prüfung des Jahres erhielt jeweils die Coupe Mylius, die im Jahre 1966 von Paul Weier endgültig gewonnen wurde. Im Jahre 1962 wurde weiter vom VSCR ein Wanderpreis für den Sieger einer Punkte-Jahreswertung gestiftet. Es ist nicht geklärt, ob in den Jahren 1962 bis 1966 der Gewinner der Coupe Mylius oder derjenige des Wanderpreises VSCR als Schweizer Champion gilt.

Coupe Mylius

- 1962　Anton Bühler
- 1963　Paul Weier
- 1964　Konrad Streiff
- 1965　Paul Weier
- 1966　Paul Weier

Wanderpreis VSCR

- 1962　Ernst Lanz
- 1963　Paul Weier
- 1964　K. Streiff und Melle van Bruggen
- 1965　Paul Weier
- 1966　P. Weier und Reynald Jaquerod

Championate 1967–1968

Obwohl im Jahre 1967 eine zweite Coupe Mylius gestiftet wurde, galt in den Jahren 1967 und 1968 der Punktesieger des Wanderpreises VSCR als Schweizer Champion. Die Coupe Mylius in diesen beiden Jahren gewannen Hansruedi Heiniger (1967) und Rudolf Lätsch (1968).

- 1967　Alfred Schwarzenbach
- 1968　Hans Ulrich Schneider

Schweizermeisterschaften seit 1969

Seit dem Jahre 1969 gilt der Sieger bzw. der bestplazierte Schweizer der wichtigsten Military des Jahres und damit Gewinner der Coupe Mylius als Schweizermeister. Den weiterhin aufgrund einer Punktewertung vergebenen Wanderpreis VSCR gewannen seither Anton Bühler und Bernd Riwoldt (1969), Alfred Schwarzenbach (1970) und Annette Sträßle (1974). Er wurde in den Jahren 1971 bis 1973 nicht vergeben.

- 1969　Anton Bühler
- 1970　Alfred Schwarzenbach
- 1971　Jürg Zindel
- 1972　Beat Bohli
- 1973　Beat Bohli
- 1974　Alfred Schwarzenbach

Die Military

INTERNATIONALE ERFOLGE

1922	Int. Military, Nizza	2. Rang	Hptm Hans E. Bühler	Mikosch
		6. Rang	Major Walo Gerber	Alwine
1924	Int. Military, Nizza	Sieger	Major Werner Fehr	Prahlhans
	Olymp. Spiele, Paris	4. Rang	Hptm Hans E. Bühler	Mikosch
		Equipe	Major Werner Fehr	Prahlhans
			Hptm René de Ribaupierre	Adel
			Oblt Charley Stoffel	Kreuzritter
1925	Int. Military, Hilversum	Sieger	Major Werner Fehr	Fleurette
		3. Rang	Oblt Charley Stoffel	Kreuzritter
1926	Int. Military, Hilversum	6. Rang	Major Walo Gerber	Pantière
1927	Int. Military, Luzern	4. Rang	Oberstlt Ernest Haccius	Handscha
1928	Int. Military, Nizza	Sieger	Major Charles Kuhn	Colette
	Olymp. Spiele, Amsterdam	12. Rang	Oberstlt Walo Gerber	Chestnut Lily
1936	Olymp. Spiele, Berlin	8. Rang	Lt Mario Mylius	Saphir
1939	Int. Military, Turin	5. Rang	Hptm Pierre Musy	Murmillo
		10. Rang	Hptm Hans Baumann	Walm
1947	Int. Military, Turin	Sieger	Hptm Alfred Blaser	Sommartel
		2. Rang	Major Pierre Musy	Pirat
		3. Rang	Lt Anton Bühler	Amour Amour
		hc (2.)	Bereiter Ernst Lanz	Hüne
1948	Olymp. Spiele, London	4. Rang	Hptm Alfred Blaser	Mahmud
		Equipe	Oblt Anton Bühler	Amour Amour
			Major Pierre Musy	Französin
1950	Int. Military, Kopenhagen	2. Rang	Lt Samuel Koechlin	Madelon
	Int. Military, Rotterdam	2. Rang	Hptm Alfred Blaser	Volpone
1951	Badminton	Sieger	Hptm Hans Schwarzenbach	Vae Victis
		4. Rang	Oblt Anton Bühler	Werwolf
		6. Rang	Hptm Alfred Blaser	Mahmud
		Sieger	Mannschaftswertung	
1953	Europameisterschaft	3. Rang	Hptm Hans Schwarzenbach	Vae Victis
1954	Europameisterschaft	4. Rang	Anton Bühler	Uranus
1955	Europameisterschaft	6. Rang	Anton Bühler	Uranus
		2. Rang	Anton Bühler	Uranus
		Equipe	Hans Bühler	Richard
			Marc Büchler	Tizian
1959	Europameisterschaft	Sieger	Major Hans Schwarzenbach	Burn Trout
1960	Olymp. Spiele, Rom	3. Rang	Anton Bühler	Gay Spark

Die Military

INTERNATIONALE ERFOLGE

1960	Olymp. Spiele, Rom	Equipe	Major Hans Schwarzenbach	Burn Trout
			Kpl Rudolf Günthardt	Atbara
1961	Int. Military, Genf	Sieger	Kpl Rudolf Günthardt	Atbara
1967	Int. Military, Albertovec	Sieger	Konrad Streif	Rocket
1971	Europameisterschaft	9. Rang	Anton Bühler	Wukari
1972	Olymp. Spiele, München	6. Rang	Hptm Paul Hürlimann	Grand Times
		Equipe	Oblt Anton Bühler	Wukari
			Oblt Alfred Schwarzenbach	Big Boy
1974	Int. Military, Colombier	Sieger	Oblt Alfred Schwarzenbach	Big Boy

Die Sieger der Frauenfelder Schwadrons-Coupe

1963	Drag Schw 17 (ZH)	1967	Drag Schw 11 (BE)	1971	Drag Schw 2 (VD)
1964	Drag Schw 17 (ZH)	1968	Stab Drag Abt 7 (TG)	1972	Drag Schw 15 (AG)
1965	Drag Schw 18 (ZH)	1969	Drag Schw 21 (SG)	1973	Stab Drag Abt 5 (AG)
1966	Stab Drag Abt 5 (AG)	1970	Drag Schw 6 (NE)		

Das Fahren

CHAMPIONAT

Eine Schweizermeisterschaft im Fahren wird zum erstenmal im Herbst 1975 in Fehraltorf durchgeführt.

INTERNATIONALE ERFOLGE

INTERNATIONALES SPRING- UND FAHRTURNIER IN AACHEN
(Geheimrat-Talbot-Gedächtnispreis)

1957	5. Rang	Willy Houriet
	6. Rang	Gustav A. Frey
1958	4. Rang	Willy Houriet
	7. Rang	Gustav A. Frey (Sonderpreis bester Fahrer)
1964	2. Rang	Fritz Rothacher (Sonderpreis bester Fahrer)
	6. Rang	Auguste Dubey
1966	Sieger	Auguste Dubey
	2. Rang	Fritz Rothacher
1967	Sieger	August Dubey (Sonderpreis bester Fahrer)
	4. Rang	Fritz Rothacher
1968	Sieger	Auguste Dubey (Sonderpreis bester Fahrer)
	3. Rang	Fritz Rothacher
1969	Sieger	Fritz Rothacher (Sonderpreis bester Fahrer)
	2. Rang	Auguste Dubey
1970	Sieger	Fritz Rothacher (Sonderpreis bester Fahrer)
	2. Rang	Auguste Dubey
1971	Sieger	Auguste Dubey (Sonderpreis bester Fahrer)
	7. Rang	Tony Frey
1972	3. Rang	Hermann Mast
	8. Rang	Karl Iseli
1973	2. Rang	Ulrich Lehmann
	10. Rang	Hermann Mast
1974	7. Rang	Christian Iseli
	10. Rang	Auguste Dubey

WELT- UND EUROPAMEISTERSCHAFTEN

1971	1. EM, Budapest	5. Rang	Auguste Dubey
		14. Rang	Tony Frey
		5. Rang	Mannschaftswertung
1972	1. WM, Münster	Sieger	Auguste Dubey
		8. Rang	Hermann Mast
		17. Rang	Robert Doudin
		2. Rang	Mannschaftswertung
1973	2. EM, Windsor	Sieger	Auguste Dubey
		2. Rang	Robert Doudin
		1. Rang	Mannschaftswertung
1974	2. WM, Frauenfeld	2. Rang	Christian Iseli
		5. Rang	Otto Fischer
		7. Rang	Robert Doudin
		13. Rang	Fritz Weyermann
		15. Rang	Auguste Dubey
		16. Rang	Rudolf Kellenberger
		32. Rang	Hermann Mast
		33. Rang	Hans Koch
		34. Rang	Karl Iseli
		2. Rang	Mannschaftswertung

INTERNATIONALE FAHRTURNIERE

1970	Luzern	3. Rang	Auguste Dubey
		10. Rang	Karl Iseli
	Arnhem	Sieger	Tony Frey
1972	Münster	9. Rang	Karl Iseli
1973	Stäfa	Sieger	Hermann Mast
	Fehraltorf	2. Rang	Robert Doudin
1974	Nördlingen	2. Rang	Christian Iseli

Register

Die kursiv gesetzten Seitenzahlen verweisen auf Legenden und Abbildungen

Aargauer Kavallerie, 1818   27
Achenbach, Benno von   86
Aga-Khan-Cup   96, 100
Aktivdienst   66, 75, 79, *81*, 80, 83
Angst, Hans   *133*
Atbara   115
Avenches   8, *8*, 85, 123, *135, 138*

Bachmann, Monica   104, *104*, 106
Baden, Defensionale von   22
Bastpferd   *81*
Bauer, Alphonse   96
Bauernkrieg   20, 22
Baumgartner, Mario   104
Bebié, Heinrich   128
Bigler, Eva   116
Blaser, Alfred   *106*, 113
Blickenstorfer, Arthur   102, 104, *104*
Bossart, Hans   98
Bourbaki-Armee   39
Bracher, Peter   123
Bühler, Anton   113, *113*, 115
Bühler, Hans E.   *100*, 102, 110
Burger, Josef   *114*, 115
Burgunderkrieg   17, 18
Burn Trout   113

Caprilli   73, 99
Chammartin, Henri   116, 117, *118*, 119
Charrière de Severy, Jack de   98, 99
Chevauxlégers   33
Christenat, Eduard   122
Colette   *100*, 128
Concours de Patrouilles, DGM   93, *93*
Cornaz, Charles E.   96
Corona   *104*

Daetwiler, Hans   104
Dégallier, Louis   *102*, 104
Depot s. Eidg. Kavallerie-Remontendepot und Eidg. Militärpferdeanstalt
Dornach, Schlacht von   19
Doudin, Robert   123, *125*
Dragoner (historische Uniformen):
– Basel Stadt, 1792   *28*
– Berner, 1742   *24*
– Berner Stadtlegion, 1804–1807   *25*
– Fürstabtei St. Gallen, 1790   *36*
– Schaffhauser, 1804–1818   *34*
– Thurgauer, 1847   *34*
– Unteroffizier, 1861–1868   *39*
– Waadtländer (Dragons du Léman), um 1800   *31*
– Zürcher, 1770–1798; 1837–1848; 1694   *22, 23*
Dragons du Léman   33
Dreißigjähriger Krieg   15, 17, 20, 22, 29
Dubey, Auguste   122, 123, *124*, 125
Dufour, Henri   35, 36, 37, *74, 75*

Eglin, Ernst   104
Eidg. Pferde-Regie-Anstalt (EPRA)   58, 85, *85*, 86, 87, 88, 100, 110, 116, *116, 117*, 122, 138
Eidg. Militärpferdeanstalt (EMPFA)   60, 62, 78, 87, 88, *88*, 90, 91, 115, 116, *116, 117*, 118, 122, 123, *123, 124, 125*
Endemann, Heinrich   100

Favre, Guillaume   42, 100
Fédération Equestre Internationale (FEI)   106, 113, 116, 117, *117*, 123
Fehr, Werner   *100*, 110
Fink   95, 96, 104
Fischer, Gustav   116, 117, *118*
Fischer, Otto   123
Frank, Oskar   116, *116*, 117, *117*
Freiberger   85, *125, 138*
Frey, Gustav A.   122, 123, *124*
Friedli, Jürg   104

Gay Spark   *113*, 115
Gecko   96
Gemuseus, Alphonse   102, *102*
Generalstreik, 1918   81
Gerber, David   122
Gerber, Walo   98, 99, 110, *111*
Goßweiler, Marianne   116
Grandson, Schlacht bei   20
Grosjean, Ueli   *133*
Grundbacher, Willy   116
Guiden   35, 37, *38, 41*, 42, 66, 80, 88
Guisan, Henri   43, *74, 75*, 85, 116
Günthardt, Rudolf   *114*, 115

Haccius, Ernest   58, 89, 96, 100, 106

Haecky, Jean   102
Haecky, Marussia   106
Haiti   108
Hammer, Bernhard   96, 99
Hauri, Max   102, 104, 108, *109*, 114, 115
Hauser-Matte   96, 100, *106*
Helvetik   25, 31, 32
Hengstendepot, Eidg.   123, *125, 135, 138*
Hersche, Heinrich   102
Herzog, Hans   38, 42, *74, 75*
Houriet, Willy   122, *124*
Hummer   116, *117*
Hürlimann, Paul   *114*, 115
Husaren (historische Uniformen):
– Freiburger, 1811   *30*
– Luzerner, 1805   *26*
– Thurgauer, 1804–1817   *35*

Iseli, Christian   123
Junker   104
Jäger zu Pferd (historische Uniformen):
– Basel-Land, 1834   *28*
– Bündner, 1809   *37*
– Freiburger, 1832   *30*
– Genfer, 1818; 1840   *33*
– St. Gallen, 1810   *36*
– Thurgauer   *34*
– Waadtländer, 1837   *31*

Kaisermanöver   69
Kappel, Schlacht bei   20
Kauffmann, Hans   128
Köchlin, Samuel   113
Kosaken, Aargauer   34
Kreuzritter   110
Kuhn, Charles   86, 96, 100, *100*, 102, *104*, 110, *128*
Kürassier   25, *32*
Kuranstalt, EMPFA   89
Kursus   117

Lambelet, Fred   102
Laubi, Hugo   128
Laupen, Schlacht bei   18
Lentulus, Scipio von   24, 27, 32
Leo I   *138*
Löhrer, Josef   57

Lombard, Frank 102, 104, *104*, *106*
Lucette 102, *102*
Lueg-Schießen 93, *93*

Maeder, Kurt 104
Mange, Pierre *113*, 116
Marignano, Schlacht bei *17*, 18, 20, 22
Mascarille 96, 100
Mast, Hermann 123, *125*
Mechanisierte und Leichte Truppen (MLT) 42, 43, 45
Mediation 29, *33*, 34
Mercier, Adolphe 86, 116, *116*, 117
Mestral, Bernhard de 86, 117
Mettler, Arnold *102*
Mikosch 110
Militärorganisation von 1850 37, *74*, 92
Militärorganisation von 1874 39, 42, *74*, 92
Militärorganisation von 1894 42, *75*
Militärorganisation von 1907 42
Militärreglement von 1817 *30*, 34, *34*, 35
Mitrailleur 42, 43, *71*
Mobilmachung, 1939 *76*
Möhr, Hans 102, 104
Morf, Ernst 106
Morf, Victor 106
Morgarten, Schlacht am *15*, 18
Moser, Hans 86, 116, *116*, 117, *117*
Müller, Emanuel 100
Müller, Max *106*
Muralt, Pierre de 102, *110*, *128*
Murten, Schlacht bei *4*, 18, 19
Musy, Pierre 110, 113
Mylius, Mario 110

Napoleon Bonaparte 28, 32, *32*
Neuenburger Ehrengarde zu Pferd, 1806–1814 *32*
Neuenburger Kavallerie, 1786 *32*
Nobs *75*, 116, *117*
Notas 104

Oberpferdarzt 62, *63*
Orphéon *114*

«Petition für das Pferd», 1947 43
«Petition für die Erhaltung des Pferdes», 1972 45
Pferd, das fehlerfreie 56, *57*

Pferdestellung 38, *84*
Poudret, Henri 73, 90, 96, *98*, *99*, 100
Prahlhans 110
Pferdezucht 59, 122, 128, 135, *135*, *138*

Queen Mary 116

Ramus, L. N. 96
Rau, Gustav 87
Regie, s. Eidg. Pferde-Regie-Anstalt
Reglement für die Kavallerie von 1822 35
Reglement für die Kavallerie von 1894 42, *75*
Reid, Peter 104
Remonte 38, 41, *57*, 58, *58*, 59, *59*, 60, *60*, 62, *62*, *63*, 70, 78, 79, 84, 88, 89, *89*, 90, 117, 122, 135
Rham, Max de 96
Rham, William de *106*
Ribeaupierre, René de 100, 102, 110
Rothacher, Fritz 122, *124*, 125
Ruckstuhl, Jakob 123, *123*

Sallmann, Oscar 100
Sand bei Schönbühl 60, *62*
St. Jakob an der Birs, Schlacht bei 18
Satan III 104
Sempach, Schlacht bei 18, 19
Sonderbundkrieg *34*, 36, 37, *38*, 74
Suter, Walter 128
Schaffhauser Kavallerie, 1818–1846 *35*
Schleppe *62*
Schué, Alphons 42, 96
Schwarzenbach, Alfred *110*
Schwarzenbach, Alfred *114*, 115
Schwarzenbach, Hans 113, *113*
Schwarzenbach-Wille, Renée 106
Schwendimann, Jakob 86

Stanser Verkommnis 22
Steffen, Fr. 128
Steigerung 62, *63*, 68, 70, 78, 79
Steinmann, Eugen *102*, *104*
Stoffel, Alexander *106*
Stoffel, Charley 110
Stoffel-Schuster, Annelies 106
Stückelberger, Christine 116

Talbot-Preis 122, *124*
Thekla 100, 110
Thomi, Hansruedi 116
Thommen, Max *85*, 86, 100, 102, 110, 117
Tor di Quinto *73*, 96, 99
Trachsel, Gottfried 116, 117, *118*
Troll 104
Truppenordnung von 1874 *80*, 88
Truppenordnung von 1925 42
Truppenordnung von 1951 43
Tscharner, Albert de 96
Turgi 104

Uhlhard 116
Uranus 113

Vae Victis 113, *113*
Vaillant *138*
Verbal *84*
Villmerger Kriege 20, 24, 27
Vogel, Richard 96, *99*

Wald 117, *118*
Walter, Georges *99*
Wattenwyl, Eduard von *99*
Weck, Roland de 122
Weid, Charles Von der 100
Weid, Henri Von der *58*, 102, 110, 116
Weier, Monica s. Bachmann, Monica
Weier, Paul *95*, 96, 102, 104, *104*, *108*, 109, 116
Wehrli, Hans *133*
Weyermann, Fritz *125*
Wil, Defensionale von 20, 22
Wille, Ulrich 42, 68, *69*, 74, *75*, 80, 88
Woermann 117
Wöhler 117
Wolfdietrich 117, *119*
Wulf *95*, 104, *108*

Xenophon 16

Zellweger, Oblt 96
Ziegler, Richard *58*, *85*, 86, 96, 122
Zindel, Andrea *113*
Züriputsch 36

Dank

Autor und Verlag haben einer großen Zahl von Helfern und Freunden zu danken, die die Verwirklichung dieses Buches unterstützten. Unser besonderer Dank gilt Herrn Direktor Hugo Schneider und seinen Mitarbeitern Peter Mäder, Hans Wetter und Max Antonini vom Schweizerischen Landesmuseum, Zürich, für ihre großzügige Unterstützung bei der Erarbeitung der historischen Bild- und Textdokumentation.

Wir danken dem Fotografen Robert Zumbrunn/Eclipse, Uster, für die mit großer Sorgfalt und Begeisterung eigens für dieses Buch gemachten Aufnahmen der Seiten 46 bis 53.

Zu danken haben wir Herrn Oberst Adolf Meier, Sursee, Herrn Regierungsrat Bruno Leuthold, Stans, Herrn Oberst Josef Löhrer, Bern, Herrn Jakob Kläsi, Sirnach, für ihre wertvolle Mithilfe und Beratung.

Zu danken haben wir Herrn Dr. Hans-Ulrich Staub, Chefredakteur der Zeitschrift «Schweizer Kavallerist», der uns nicht zuletzt auch mit Informationen aus dem kurz nach dem Zweiten Weltkrieg erschienenen Buch «Unsterbliche Kavallerie» seines verstorbenen Vaters, Oberstleutnant Robert Staub, unterstützte.

Wir danken der Zentralbibliothek Luzern, die sich als eine reiche Quelle wertvollen Materials erwiesen hat. Dies gilt auch für das Bundesarchiv, den Armeefilmdienst, die EMPFA, die Eidgenössische Militärbibliothek sowie das Eidgenössische Militärdepartement in Bern.

Unser Dank gilt auch jenen Persönlichkeiten, die sich mit ihren einführenden Texten in den Dienst dieses Buches stellten, und jenen Reitern und Fahrern, die uns persönliches Bildmaterial überließen.

Zu danken haben wir schließlich auch Herrn Emil M. Bührer, Luzern, dem Gestalter und Mitautor des erfolgreichen Werkes «Das Königreich des Pferdes». Er stand dem Verlag mit wichtigen Anregungen und Impulsen zur Seite.

Bildnachweis

Archiv Reich Verlag, Luzern: 16, 17, 119
Bibliothek der Eidg. Militärpferdeanstalt, Bern: 27, 32, 34
Bildarchiv C. J. Bucher AG, Luzern: 120
Bildarchiv EMD, Bern: 56/57, 66, 68, 70, 76, 77
Bundesarchiv, Bern: 42/43, 58, 59, 73
Comet-Photo AG, Zürich: 121
Theo Frey, Weiningen: 83, 132
Hippophot Roland von Siebenthal, Bern: 1, 9, 10/11, 12/13, 62/63, 63, 78/79, 80/81, 114, 133
Internationale Bilder-Agentur, Oberengstringen: 69, 74
Korporationsverwaltung der Stadt Luzern/Ciba-Geigy Photochemie: 21
Kupferstichkabinett, Basel: 4/5
Bruno Meier, Sursee: 54, 76/77, 92, 93, 140
Militärbibliothek, Bern: 40, 72/73
Fritz Peyer, Hamburg: 94, 123, 125
Ringier Bilderdienst, Zürich: 75
Sammlung Max E. Ammann, Horw: 66, 90/91, 96, 97, 98/99, 100/101, 102/103, 104, 106, 108/109, 110/111, 112, 113, 117, 118, 119, 122, 128/129
Sammlung Oscar Cornaz, Lausanne: 58/59, 85, 116, 123
Sammlung Jakob Kläsi, Sirnach: 44/45, 71
Sammlung Peter Mäder, Zürich: 66, 67, 69
Hans R. Schläpfer, Reußbühl-Luzern: 60/61, 82, 82/83, 86, 87, 136/137
Urs Schenker, Bern: 84
Schweizer Kavallerist, Zürich: 102, 106, 113, 130/131, 133
Schweizerische Landesbibliothek, Bern: 17, 74
Schweizerisches Landesmuseum, Zürich: 4, 16, 17, 18, 19, 20, 38, 39, 52/53, 160
Staatsarchiv, Aarauer Kantonsbibliothek: 74
Elisabeth Weiland, Zollikon: 107, 114/115, 115, 124, 126/127, 134, 138/139
Zentralbibliothek, Luzern: 14, 16, 22, 23, 24, 25, 26, 27, 28, 29, 30, 31, 32, 33, 34, 35, 36, 37
Peter Zimmermann, Zürich: 62, 63, 88/89, 90, 91, 105
Robert Zumbrunn/Eclipse, Uster: 46/47, 48/49, 50/51
Schutzumschlag
– Vorderseite: Lisbeth Bührer, Luzern
– Rückseite: Schweizerisches Landesmuseum, Zürich

Dragoner. Lithographie von Ivan G. Hugentobler, 1948